고려대학교 한국어문교육연구소 국어교육실천총서

**교사와 학생이 함께 만드는
주제탐구독서 수업**

고려대학교 한국어문교육연구소 국어교육실천총서

교사와 학생이 함께 만드는

주제탐구독서 수업

권이은 김해인 문지연 박신애 오유리 이수진

이용준 임민윤 서한얼 이지민 이순영

역락

이 책은 고려대학교 국어교육과 명예교수이신 혜당 박영순 선생님께서
한국어문교육연구소에 기부하신 기금의 지원을 받아 만들어졌습니다.

· 발간사 ·

《국어교육실천총서》를 펴내며

'교육백년지대계(教育百年之大計)'라는 말이 그 어느 때보다도 절실합니다. 가르치고 배우는 우리의 아름다운 전통은 한국전쟁 이후 초고속의 현대화 과정에서 폭발적인 힘을 발휘했습니다. 역사상 물질적으로 가장 풍요로운 시간을 누리고 있는 지금, 그림자처럼 따라붙은 정신적 빈곤과 공허함은 발길을 멈추고 다시금 교육의 본질과 역할을 되돌아보게 합니다.

2010년 7월 8일 개소한 저희 한국어문교육연구소는 한국어와 한국어로 이루어진 문화의 우수성과 중요성에 대한 진지한 인식을 바탕으로, 우리 문화유산의 안정적 계승과 미래 지향적 발전을 추구해 왔습니다. 특히 1980년대 이후 한국 중등국어 교육계를 실질적으로 이끌고 있는 고려대학교 국어교육과와 밀접한 협력관계를 유지하며 한국의 국어교육 발전을 위해 함께 노력하고 있습니다.

이번에 발간되는 《국어교육실천총서》는 2021년 9월에 처음 기획된, 한국어문교육연구소의 총서 시리즈 중 하나입니다. 연구자와 교사 및 예비교사가 한 팀을 이루어 학교 현장에서 직접적으로 활용할 수 있도록 만든 실용서라는 특징을 지닙니다. 이론과 실천의 조화를 추구함으로써 이 책이 실용성과 전문성 모두를 갖춘 새로운 차원의 수업 길잡이 역할을 수행할 수 있기를 기대합니다.

수시로 바뀌는 교육과정에 따라 주기적으로 달라지는 교과서와 교사용 지도서가 지닌 한계를 극복하는 것도 《국어교육실천총서》의 보이지 않는 역할이 될 것입니다. 그것은 어떠한 교육과정과 교과서가 사용되는 상황에서도 해당 주제와 관련해 가장 중요하고 필수적인 내용들을 담음으로써 흔들리지 않는 '항상성'을 지니는 것이 가능하기 때문입니다.

《국어교육실천총서》가 학교 현장에 계신 선생님들께 유용한 정보뿐 아니라, 좋은 수업을 구상하는 데 새로운 활력을 드릴 수 있길 희망합니다. 《국어교육실천총서》의 기획과 발간의 계기를 마련해 주신 혜당 박영순 선생님, 총서가 발간되기까지 보이지 않는 곳에서 애써주신 모든 분들께 진심을 담아 감사의 인사를 드립니다. 끝으로 《국어교육실천총서》가 국어교육의 새로운 희망의 빛이 되길 꿈꿔 봅니다.

고려대학교 한국어문교육연구소

교사와 학생이 함께 만드는 주제탐구독서 수업

우리는 4차 산업혁명 시대에 살고 있습니다. 인공지능을 비롯한 여러 기술 발달로 사람들의 삶에는 다양한 변화가 나타나고 있고, 변화하는 시대가 요구하는 읽기, 쓰기 능력은 더욱 복잡해지고 있습니다. 안타깝게도 현재의 인공지능은 텍스트의 출처 자체를 모호하게 만드는 방향으로 발전했고, 사람들은 자신도 알 수 없는 알고리즘에 의해 지속적으로 부정확하거나 편향된 정보에 노출될 수 있는 위험에 처해 있습니다. 이와 같은 문식 환경의 변화는 청소년에게 부정적인 영향을 미칠 수 있습니다. 청소년 시기는 관심 주제를 깊이 있게 탐구하며 자신의 관점과 견해를 형성하는 시기인데, 관심 주제를 탐구하는 과정에서 다양한 관점을 지닌 질 높은 텍스트를 접할 기회를 잃기 쉬운 환경이 되었기 때문입니다.

그래서 이 시대의 청소년 독자들은 이전 시대보다 더욱 능동적인 독자가 되어야 합니다. 능동적인 독자는 적극적으로 읽고 생각하는 독자입니다. 자신이 원하는 주제의 텍스트를 다양하게 수집하고, 믿을만한 정보를 선별하며, 다양한 관점이나 견해가 담긴 텍스트의 내용을 종합하며 읽고, 자신의 견해를 정립해 가는 독자입니다. 청소년들은 '여러 텍스트를 통합적으로 읽으며 주제를 깊이 있게 탐구하는 독서'인 '주제탐구독서'를 통해 능동적인 독자로 성장할 수 있습니다.

'주제탐구독서 수업'은 교사와 학생이 함께 만드는 수업입니다. 이 수업에서 학생은 스스로 주제를 정하고, 읽기 자료를 찾아 읽으며 주제에 대한 자신의 관점과 견해를 정립해 나갑니다. 교사는 학생이 주제탐구독서의 중요성을 이해하도록 설명하고, 적극적으로 참여하도록 독려하며, 주제탐구독서 과정에서 어려움을 겪을 때 도움을 줍니다. 주제탐구독서 수업을 통해 학생들은 깊이 있는 독서를 경험하며 독서의 필요성과 가치를 깨닫고, 독서 방법을 배울 수 있습니다. 또한, 주제탐구독서는 학업을 위한 독서, 진로 탐색을 위한 독서, 업무 관련 독서 등 실제 독서 상황에서 활용도가 높은 독서 방법입니다. 주제탐구독서 수업으로 학생들은 독서 수업과 자신의 삶이 맞닿는 경험을 할 수 있습니다.

'관심 주제를 탐구하기 위해 다양한 텍스트의 내용을 통합하며 읽는 학생 주도의 수업'을 시도해 본 적 있으신가요? 주제 선정, 개별 주제에 맞는 글과 자료 준비, 독서 전략 지도, 평가까지... 너무 복잡하게 느껴지신다고요? 그래서 이 책은 가장 먼저 주제탐구독서 수업을 위한 교사의 복잡한 준비 과정을 최대한 줄이기 위해 노력했습니다. 현장에 바로 적용할 수 있는 다양한 수업 자료와 함께 실제 학교 현장에서 진행한 주제탐구독서 수업 과정을 자세히 담았고, 주제탐구독서와 같은 학습자 주도 독서 활동을 처음 지도하는 선생님께 꼭 필요한 수업 노하우, 학생 결과물 예시 자료, 활동지까지 준비했습니다. 그리고 각 수업과 교육과정의 연계성을 구체적으로 서술하여 현장에 적용하기 쉽도록 구성하였습니다. 국어과 선택 과목 '주제탐구독서'는 물론이고, 주제 통합적 읽기를 지도하는 모든 학년에서 이 책에서 소개한 수업을 적용할 수 있습니다. 관련 주제를 다루는 다른 교과와의 통합 수업, 진로 수업, 범교과 수업 등을 계획할 때도 활용이 가능합니다. 이 책에서 소개한 다양한 주제탐구독서 수업을 통해 학생들은 능동적이고 주도적인 독서를 경험할 수 있을 것입니다.

이 책이 세상에 나오기까지 함께 고생한 필자들께 감사 인사를 드립니다. 현장과 학계를 잇는 책을 기획하고, 집필할 수 있는 기회를 주신 고려대학교 한국어문교육연구소에도 감사드립니다. 여러모로 어려운 상황에서도 더 나은 수업을 위해 애쓰시는 선생님들께 지면을 통해서나마 깊은 존경과 감사의 마음을 전합니다. 마지막으로 지금 이 책을 펼쳐 읽고 있는 모든 분께 감사 인사를 드리며, 이 책이 좋은 독서 수업을 하기 위해 고민하는 이들에게 조금이나마 도움이 되길 바랍니다.

2024년 여름.
필자들을 대표하여 권이은 씀.

목차

발간사   **5**

머리말   **6**

Ⅰ. 주제탐구독서 수업 이해하기

1. '주제탐구독서'란 무엇일까요?   **13**

2. 주제탐구독서 수업은 어떻게 할까요?   **24**

Ⅱ. 과학 주제탐구독서 수업하기

주제 1 생성형 인공지능 '챗GPT' 정복하기
- 질문으로 엮어 읽고, 토론하기   **39**

주제 2 과학과 윤리 사이
- 직소 모형으로 엮어 읽기   **70**

주제 3 나도 환경 활동가
- 엮어 읽고, 조사하고, 실천하기   **96**

Ⅲ. 사회 주제탐구독서 수업하기

주제 4 세계시민으로 살아가기
- 디지털 자료 엮어 읽기   125

주제 5 우리 사회 불평등
- 디지털 도구를 활용한 온라인 기반 협력적 탐구   156

Ⅳ. 예술 주제탐구독서 수업하기

주제 6 '나'를 찾아서
- 문학 작품 엮어 읽기   197

주제 7 비평가의 독서 따라잡기
- 엮어 읽고 비평문 쓰기   228

[내가 원하는 수업 바로 찾기] 이 책에서 만날 수 있는 주제탐구독서 수업별 특징

제목	주제	활동 특징	형태	주제 및 도서 선정	준비물	결과물
생성형 인공지능 '챗GPT' 정복하기	과학- 인공지능	• 다문서 읽기 • 토론하기 • 미니 논설문 쓰기	• 소규모 동아리 활동 • 한학기 독서 프로젝트 • 최소 9차시, 최대 12차시	• 학생-주제 선정, 도서 검색 및 선정 • 교사-선정 과정 지원	• 책 • 온라인 게시판 (패들렛) • 디지털 기기 • 활동지	• 독서 포트폴리오 • 미니 논설문
과학과 윤리 사이	과학- 과학윤리	• 다문서 읽기 • 직소 모형 기반 토론 하기(협동학습)	• 교실 수업 • 모둠 학습 • 최소 2차시, 최대 4차시	• 학생-관련 자료 조사 • 교사-공통 읽기 자료 (제시문)를 제공, 선정 과정 지원	• 책 • 디지털 기기 • 활동지	• 활동지 • (토론 결과 정리)
나도 환경 활동가	과학- 환경	• 다문서 읽기 • 요약하기 • 조사하기 • 기사문 쓰기 • 캠페인 및 실천하기	• 교실 수업 • 모둠 학습 • 한학기 독서 프로젝트 • 최소 11차시, 최대 15차시	• 학생-모둠별 도서 선택 • 교사-도서 목록 제공, 선정 과정 지원	• 책 • 디지털 기기 • 활동지	• 활동지 • (독서 기록 및 텍스트 요약) • 환경 신문 • 캠페인과 실천 활동
세계시민 으로 살아가기	사회- 세계 시민	• 다문서 읽기 • 디지털 자료 탐색 하기 • 동료 피드백하기	• 교실 수업 • 모둠 학습 • 최소 2차시, 최대 4차시	• 학생-관심사를 반영 하여 세부 주제 선정, 관련 자료 탐색 • 교사-대주제 지정, 디지털 자료 탐색 가 이드 제공, 탐색 과정 지원	• 책 • 디지털 기기 (노트북) • 활동지	• 활동지 • (내용 구성, 피드 백, 수정 결과물)
우리 사회 불평등	사회- 불평등	• 다문서 읽기 • 디지털 도구 사용 하기 • 협력적 글쓰기 (탐구 보고서) • 시각화 하기(인포 그래픽 만들기)	• 교실 수업 • 모둠 학습 • 자율교육과정 운영 기간 활용 • 최소 5차시, 최대 8차시	• 학생-관련 자료 조사 • 교사-공통 읽기 자료 (도서 일부)를 제공, 조사 과정 지원	• 책 • 디지털 기기 • 디지털 앱 (무료 제공 앱) • 활동지	• 탐구 보고서 • 인포그래픽 • 각종 앱 사용 결과물
'나'를 찾아서	문학- 자기 탐색	• 다문서 읽기 • 작품 비교 분석하기 • 성찰하는 글 쓰기 • 수행평가	• 교실 수업 • 개별 학습 • 최소 4차시, 최대 7차시	• 학생-세부 주제 선 택, 관련 문학 작품을 조사, 준비 • 교사-대주제, 활동 방법, 평가 기준 수시 안내	• 책 • 디지털 기기 • 활동지(수행평가지)	• 수행평가지 • (비교분석하기, 성찰하는 글 등)
비평가의 독서 따라잡기	예술- 비평	• 다문서 읽기 • 자기 선택적 읽기 • 동료 피드백 • 비평문 쓰기	• 교실 수업 • 개별 학습 • 한학기 독서 프로젝트 • 최소 4차시, 최대 12차시	• 학생-주제 선정, 텍 스트 검색, 선정, 준비 • 교사-선정 과정 지원	• 책 • 디지털 기기 • 활동지 • 우수 비평문 예시	• 비평문 • 활동지 • (텍스트 소개 글, 줄거리 요약, 인 상적인 부분 분 석 등)

I. 주제탐구독서 수업 이해하기

1. '주제탐구독서'란 무엇일까요?

고등학생인 채원이는 '영화 속에 담긴 과학 윤리관'을 찾고, 그것에 대해 자신의 생각을 서술하는 수행평가 과제를 받았습니다. 지정된 영화를 처음부터 끝까지 보았지만 막상 과제를 하려니 막막한 기분이 들었지요. 채원이는 '이 과제를 하기 위해서는 영화에 나온 생명 과학에서의 윤리 문제에 대해 더 정확하게 알아야 할 것 같다'는 생각을 했습니다. 그러나 채원이는 이러한 정보들을 어디에서, 어떻게 얻어야 할지 몰라 막막했어요.

태현이는 이번 여름 휴가지를 결정하기 위해 고민하고 있습니다. 스마트폰으로 블로그와 인스타그램, 유튜브의 여행 후기와 브이로그들을 찾아보던 태현이는 점점 피로해지기 시작했습니다. 온라인의 수많은 정보들 중 어떤 정보가 믿을만한 것인지 알기 어렵다고 느껴졌기 때문이지요. 또, 영상에 혹시 의미 있는 정보가 있을까 기대하며 끝까지 보느라 많은 시간을 쓰지만, 정작 원하는 정보를 얻기 힘들다는 것을 깨달았습니다.

지식정보화사회를 살아가는 사람들은 '특정 주제에 관심이 생겼을 때', '어떤 일을 결정할 때', '갈등을 해결할 때', '주장을 세울 때', '다른 사람에게 나의 생각을 알릴 때' 등 다양한 목적으로 여러 텍스트를 검색하고, 읽고, 활용해요. 그리고 사람들이 만나는 텍스트 형태는 책, 블로그, 온·오프라인 신문과 잡지, 인스타그램과 같은 SNS, 유튜브와 같은 영상 텍스트 등 매우 다양하며, 같은 텍스트의 형태라고 해도 각 텍스트들의 질적 수준 또한 천차만별이지요. 이와 같은 급격한 매체 환경 변화 때문에 많은 사람들이 태현이나 채원이와 같은 어려움을 겪고 있어요.

이러한 어려움을 해결하는 방법으로 주목받는 독서 활동이 바로 '주제탐구독서' 입니다. 주제탐구독서는 '여러 텍스트를 통합적으로 읽으며 특정 주제를 탐구하는 행위'를 말해요. 청소년 독자들은 '주제탐구독서 수업'을 통해 현대 사회의 복잡한 문식 환경 속에서도 자신의 문제를 스스로 해결할 수 있는 주체적이고 능동적인 독자로 성장하게 될 것입니다.

1) 주제탐구독서의 의미

① 주제탐구독서의 가치

독서교육에서 주제탐구독서는 주제 통합적 읽기, 상호텍스트적 읽기, 주제 중심 교과 통합 독서, 다문서 읽기 등의 다양한 학문적 개념들과 함께 꾸준히 연구되고 있습니다. 최근 들어서는 진로 독서, 융합 독서, 비판적 문식성 등이 강조되면서 학교에서 이루어지는 주제탐구독서 수업에 대한 관심도 높아지고 있어요.

주제탐구독서의 중요성은 꾸준히 언급되어 왔지만, 주제탐구독서 수업은 다양한 현실적 이유로 실제 활동까지 이어지지 못하는 경우가 많았습니다. 이러한 문제들을 해결하고 주제탐구독서 활동을 강화하기 위해 2022년 개정 국어과 교육과정은 고등학교 선택 중심 교육과정 내 '진로 선택 과목'에 '주제탐구독서'를 하나의 과목으로 명시했어요. 교육과정에서는 주제탐구독서를 1) '주제탐구독서'는 관심 분야의 책과 자료를 통합적으로 읽으며 주제를 주체적으로 탐구하는 행위, 2) 정보를 비판적·창의적으로 읽으면서 주제에 관한 자신의 관점과 견해를 형성, 3) 관심 분야와 주제를 정해 주도적으로 독서하고 탐구하면서 삶을 성찰하고 계발하는 것으로 서술하고 있습니다. 또한, 주제탐구독서와 밀접한 '주제 통합적 읽기(중학교, 고등학교)', '자기 선택적 읽기(중학교)' 등을 공통 교육과정에 포함하고, 학생의 주도하에 학생의 삶과 밀접한 자료들을 실제로 읽으며 독서 활동을 충분히 할 수 있도록 지원하는 수업 과정을 더욱 강조하고 있는 추세입니다.

독서 교사가 주제탐구독서와 관련된 이론을 제대로 이해하면 주제탐구독서의 가치를 높이고 장점을 살리는 수업을 할 수 있습니다. 무엇보다 주제탐구독서 수업은 활동 결과물보다 주제탐구독서 '과정'에 초점을 맞추는 것이 중요해요. 만약 주제탐구독서 수업에서 독서 과정에 강조점을 두지 않는다면, 독서 수업이 아닌 내용 교과 수업처럼 이루어질 수 있습니다. 때문에 주제탐구독서 수업은 독서 교사의 높은 전문성이 필요한 수업의 형태 중 하나입니다.

② 주제탐구독서와 다문서 읽기

주제탐구독서는 다문서 읽기 상황에서 주로 일어나며 그 과정에서 주제 통합이 일어나는 경우가 많습니다. 주제탐구독서의 의미를 이해하기 위해, 주제 통합적 읽기와 관련된 용어를 간단히 소개할게요.

㉠ 주제 통합적 읽기

주제탐구독서의 핵심이 되는 읽기 방법은 '주제 통합적 읽기'입니다. 주제 통합적 읽기에 대한 연구는 Adler와 Doren(1972)의 책 〈How to Read a Book〉에서 그 단초를 찾을 수 있어요. 그들은 독서의 수준을 네 개의 수준으로 나누었습니다. 다음 〈표 I-1-1〉은 그 내용을 정리한 것입니다.

<표 Ⅰ-1-1> 독서의 수준(Adler & Doren, 1972)>

1수준	초급 독서	읽기, 쓰기를 전혀 못하는 어린이가 초보의 읽기 쓰기 기술을 습득하기 위한 읽기.
2수준	점검 독서	일정한 시간 안에 할당된 분량을 읽고 내용을 파악하는 읽기. 골라 읽기, 예비 독서라고 부를 수 있음.
3수준	분석 독서	철저하게 읽는 것. 질문하며 읽기.
4수준	신토피칼 독서	비교 독서법. 하나의 주제에 대하여 몇 권의 책을 서로 관련지어서 읽기. 가장 적극적 형태의 독서.

위의 네 개 수준 중 가장 적극적인 형태인 4수준 신토피칼 독서(Syntopical Reading)는 '비교 독서법'이라는 용어 그대로 하나의 주제에 대하여 몇 권의 책을 서로 관련지어서 읽는 것을 뜻해요. Adler와 Doren(1972)에서는 신토피칼 독서가 가능해지는 시기를 10대 후반으로 보고, 이 시기를 읽기 능력의 완성기라고 하였습니다. 그리고 이 개념은 다양한 연구를 통해 발전하였으며 국어교육에서는 주로 '주제 통합적 읽기'라고 합니다. 현재 주제 통합적 읽기는 주로 다문서 읽기 상황에서 특정 주제와 관련된 여러 텍스트를 읽고, 통합하는 활동을 일컫는 용어로 사용되고 있어요.

ⓒ 다문서 읽기

다문서 읽기는 두 개 이상의 문서를 함께 읽는 것이며, 주로 주제적 유사성을 갖춘 다양한 텍스트를 일정 기간 내에 읽는 활동을 말합니다. 다문서 읽기 상황은 자료의 복수성, 시간적 인접성, 주제적 유사성, 단일 자료의 한계성, 자료의 비동질성이라는 가정을 기반으로 해요. 하나의 주제에 대해 깊이 탐구하는 주제탐구독서는 대체로 다문서 읽기 상황을 가정합니다.

<표 I -1-2> 다문서 읽기 상황의 기본 가정(김종윤, 2014:142)

수준	가정	내용
핵심 가정	자료의 복수성	읽는 글 자료는 둘 이상의 글이다. 하나의 글을 읽는 경우 다문서 읽기라 칭하기 어렵다.
	시간적 인접성	읽는 글 자료는 일정 기간 내에 읽는 글이어야 한다. 어떤 주제에 대하여 긴 시간차가 있는 읽기(예: 한 달 전에 읽은 글과 어제 읽은 글 읽기)는 다문서 읽기라고 하기 어렵다.
	주제적 유사성	읽는 글 자료는 하나의 큰 주제 하에서 연결되어 있다. 주제가 연결되지 않은 자료들(예: 컴퓨터 제품 사용 설명서와 조간 신문 사설)을 읽는 것은 다문서 읽기라고 보기 어렵다.
부가 가정	단일 자료의 한계성	하나의 글로 전체의 내용을 다 파악할 수 있는 것이 아니라, 여러 자료를 종합하여 읽을 때에 글 전체의 내용을 파악할 수 있다. 어느 하나의 글이 모든 내용을 포괄한다면, 이를 통한 독자의 의미 구성이 편향될 수도 있으며, 굳이 여러 글을 읽을 필요가 없다.
	자료의 비동질성	다문서 읽기 상황에서 읽는 글의 질, 내용의 수준, 저자의 수준 및 관점, 세부 내용 등이 동일한 수준이라고 가정할 수 없다. 많은 다문서 읽기 상황에서 오히려 각각의 글은 동질적이기보다 다양하다.

2) 주제탐구독서의 과정

독자가 다양한 텍스트를 읽으며 주제를 탐구하는 과정은 다양한 요인들이 개입하여 복잡하게 보입니다. 다음 [그림 I-1-1]의 〈주제탐구독서의 과정〉은 다문서 읽기, 주제 통합적 읽기 등 주제탐구독서와 관련된 다양한 연구가 반영된 모델로 주제탐구독서의 복잡한 과정을 이해하기에 도움이 돼요. 아래 그림과 그림에 대한 설명은 다문서 읽기의 통합 프레임워크를 제시한 List와 Alexander(2019)를 번역, 인용하였습니다.

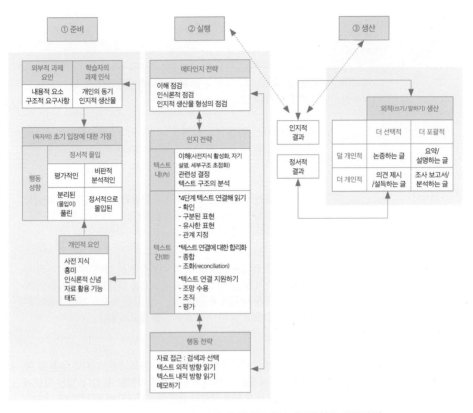

[그림 Ⅰ-1-1] 주제탐구독서의 과정(다문서 읽기의 통합 프레임워크)

① 준비

주제탐구독서의 첫 번째 단계인 준비 단계에서 독자는 가장 먼저 과제의 특성을 확인합니다. 과제 요인은 주어진 과제의 내용(주제), 독자가 만들어야 하는 결과물의 형식 등이 있어요. 이때 독자는 해당 과제에 대한 자신의 읽기 동기를 확인하고, 인지적 결과물을 예상할 수 있지요. 동기는 '과제를 수행하는 과정이나 과제 완료 시 독자 스스로 얻기를 기대하는 가치' 등이 있고, 인지적 생산물은 '읽기 후 결과로 얻는 지식' 등이 있습니다. 본격적인 독서 활동 전에 긍정적인 독서 결과물을 미리 인식하는 것은 주제탐구독서를 진행하는 길고 어려운 과정을 이끌어주는 동기가 되어 줍니다.

독자가 자신에게 주어진 과제의 특성을 확인할 때, 개인적 요인인 사전 지식, 흥미, 인식론적 신념, 자료 활용 기능, 태도 등이 영향을 줄 수 있습니다. 과제의 내용(주제)과 구조적 요구 사항이 독자에게 매력적일수록, 독자는 더 긍정적인 독서 결과물을 예상할 수 있어요.

과제의 특성은 독자가 과제에 대해 취할 수 있는 초기 관점과 관련이 있습니다. 독자들은 처음 과제를 만났을 때 다양한 관점을 취할 수 있는데, 이때 과제의 특성에 따라 과제에 대한 초기 관점이 달라지는 것입니다. 예를 들어, 독자들은 평가적인 관점이나 비판적인 관점을 취할 수 있고, 자신과 분리하여 생각하거나 반대로 정서적으로 몰입할 수도 있어요.

② 실행

주제탐구독서의 두 번째 단계인 실행 단계에서는 행동 전략, 인지 전략, 메타인지 전략을 활용합니다. 행동 전략은 정보 검색, 텍스트 선택 및 탐색, 메모 작성 또는 주석을 포함하여 독자가 여러 텍스트를 읽을 때 물리적으로 수행하는 의도적인 행동을 의미해요. 이에 비해 인지 전략은 여러 텍스트를 읽는 동안 수행되는 정신적 과정을 말하며 텍스트 내 이해(즉, 개별 텍스트 처리)와 텍스트 간 통합에 초점을 맞춘 전략으로 나눌 수 있습니다. 메타인지 전략은 인지 전략과 행동 전략을 점검하는 역할을 해요.

텍스트 내 이해 전략은 기존의 단일 텍스트 읽기 전략과 크게 다르지 않습니다. 그러나 텍스트 간 이해 전략은 텍스트를 연결하며 읽어야 한다는 점에서 기존의 단일 텍스트 읽기 전략과 다른 면이 있어요. 그림에 제시된 세 가지 전략을 구체적으로 살펴보면 다음과 같습니다.

⊙ 텍스트 연결해 읽기 4단계: 확인, 구분된 표현, 유사한 표현, 관계 지정

여러 텍스트를 잘 연결해서 읽기 위해, '확인, 구분된 표현, 유사한 표현, 관계 지정'의 4단계를 거치며 읽을 수 있어요. 첫째, 확인 단계에서는 각 텍스트가 주제, 형식, 구성 등 잠재적으로 서로 관련이 있는지를 확인합니다.

둘째, 구분된 표현 단계에서는 각각의 텍스트에 중첩된 핵심 개념이나 내용들을 각각 구분합니다. 자료의 핵심 정보를 순서와 상관없이 간단하게 정리하는 활동이에요.

셋째, 유사한 표현 단계에서는 읽은 텍스트들 전반에 걸쳐 구분하여 이해한 개념이나 내용을 유사한 것들끼리 연결합니다. 구분된 표현 단계에서 정리한 자료를 기준을 세워 분류하는 활동에 가까워요.

넷째, 관계 지정 단계에서는 유사한 표현 단계에서 연결한 개념이나 내용 사이의 관계를 정확하게 표현합니다. 예를 들어, 각 개념이 대조 관계인지 또는 보완 관계인지, 어떤 면에서 같고 다른지를 명시적으로 기술하는 것입니다.

ⓛ 텍스트 연결에 대한 합리화

독자들이 텍스트 사이의 관계를 지정하고 나면, 지정한 관계(예를 들어, 내용이나 관점이 유사하거나 반대이거나)를 기준으로 텍스트를 통합해요. 독자들은 자신이 읽은 텍스트들이 유사한 경우에 비슷한 내용을 모아 엮어 요약합니다. 반면, 텍스트들이 부분적으로 상충하거나 직접적으로 반대일 때는 텍스트 간에 발생하는 갈등을 해결하고 일관성 있는 내용으로 정리하려고 노력해요. 이때 독자들은 텍스트 간 내용 충돌을 무시하거나, (부정확하더라도) 텍스트의 정보나 배경지식을 기반으로 갈등에 대한 해결 방법을 스스로 추론하거나, 텍스트들 전체적으로 어떤 정보가 가장 권위

있는 정보인지를 결정하여 갈등을 해결합니다.

ⓒ 텍스트 간 연결 지원하기

텍스트 간 연결을 지원하는 전략으로 조망 수용(관점 수용), 구성, 평가의 세 가지가 있어요.

첫째, 조망 수용(관점 수용)은 독자 자신의 관점과는 다른 관점에서 (예를 들면, 각 필자의 관점에서) 텍스트를 읽는 것입니다. 텍스트 전반에 걸쳐 관점이 일치하는 내용을 연결하거나 자신이 선택한 하나의 관점에 따라 읽을 수도 있어요. 이 과정은 텍스트를 더 잘 분석하거나 평가하는 데 도움이 될 수 있습니다.

둘째, 조직 전략은 새로운 정보 간의 논리적 연결 또는 그룹화를 추구하는 것을 목표로 합니다. 비교-대조, 계층화, 순서화 등 다양한 논리 구조를 활용하여 다양한 텍스트에서 읽은 내용을 적절한 텍스트 구조를 선택하여 조직할 수 있어요.

셋째, 평가 전략은 독자들이 다양한 텍스트의 특징(저자, 출판사, 문서 유형, 출판 날짜 등)에 따라 텍스트나 내용에 대해 내리는 판단을 말합니다. 독자들은 이러한 특징을 고려하여 텍스트의 신뢰성을 판단해요. 이 판단 과정에서 어떤 정보에는 집중하고, 어떤 정보는 무시할지를 결정합니다. 특히 평가 전략은 텍스트의 내용이 충돌할 때 더욱 중요한 읽기 전략입니다. 독자들은 충돌되는 텍스트들 중에 어떤 정보를 배제하고, 어떤 정보는 선택할지 평가를 통해 결정할 수 있어요.

지금까지 살펴본 행동 및 인지 전략은 모두 메타인지 전략 사용에 따라 이루어져요. 위 모형에 제시된 세 가지 메타인지 전략은 이해 점검(독자 스스로 자신의 이해를 점검하는 것, 자기 평가), 인식론적 점검(독자 스스로 자신의 읽기가 신뢰성과 관련된 인식론적 기준을 위반하지 않는지 점검하는 것), 인지 결과물 형성 점검(독자 스스로 자신의 인지 및 정서적 결과 달성을 점검하는 것)입니다.

실행 단계는 독자가 스스로 자신이 처음 의도한 읽기 목적을 달성했으며, 더이상 텍스트를 읽을 필요가 없다는 결정을 내리면 마무리합니다.

③ 생산

독자가 주제탐구독서의 실행 과정까지 거치면 다양한 인지적, 정서적 결과가 나타납니다. 인지적 결과물은 독자들이 다양한 텍스트를 읽은 결과로 얻은 지식이 대표적이에요. 정서적 결과물은 이 활동으로 인해 나타난 학습자의 관심이나 태도의 변화, 해당 영역의 주제나 텍스트에 대한 정서적 반응까지 포함됩니다. 예를 들어 해당 주제에 대해 탐구하려는 성향이 높아질 수도 있고, 오히려 감소할 수도 있는데 이러한 정서적 반응이 모두 주제탐구독서의 결과물이에요.

주제탐구독서 과정을 지도하는 교사가 잊지 말아야 할 것은 독자의 인지적, 정서적 결과물은 독자 내부에 있다는 것입니다. 결과물이 눈에 보이지 않더라도 독자 내부에 지식과 태도의 변화가 생겼다면 그 자체로 주제탐구독서 수업의 목표는 달성되었다고 할 수 있어요.

그럼에도 이 활동의 결과물로 외부적 결과물을 생산할 수도 있습니다. 일반적으로 학생들이 작성한 결과물은 텍스트의 내용을 얼마나 선택적으로 읽었는지, 또는 얼마나 포괄적으로 읽었는지를 보여줍니다. 그리고 독자가 읽은 텍스트들의 내용과 형태를 얼마나 바꾸어 사용하는지에 따라서도 그 양상이 달라져요. 만약, 주제탐구독서를 지도하는 교사가 다양한 유형의 결과물을 과제로 제시하면 학생들은 다양한 방식으로 텍스트를 통합할 수 있을 거예요. 위의 모형에서 제시한 것처럼 논증하기부터 조사하기까지 결과물의 예시를 다양하게 제시한다면, 학생들도 이러한 결과물 작성을 위해 다양한 방식으로 텍스트들을 읽고 통합할 것입니다.

이때 교사는 학생들이 어떤 결과물을 만들 때 주제탐구독서에서 읽은 모든 텍스트를 포괄적으로 통합하지는 않는다는 점을 이해하고 학생들의 결과물을 평가해야 합니다.

더 알아보기

> ### 자기 주도적 읽기
>
> 　주제탐구독서는 학생 주도의 독서, 즉 '독자의 주체성'이 강조되는 독서예요. 독자의 주체성은 독서 동기에 영향을 미치며, 독서 동기는 독서 능력과 밀접하게 연관됩니다. 그러나 청소년 독자의 독서 동기를 높이는 것은 쉽지 않은 과제입니다. 독서 능력이 부족한 학생의 경우, 청소년 독자로 진입하면서 독서 능력 부족으로 인해 독서 동기가 더욱 저하되게 되지요. 이러한 비독자 학생들의 독서 능력 향상을 위해 어느 정도 강제성이 있는 학교 교육 내에서 지속적으로 독서 프로그램을 운영하는 것이 도움이 됩니다(이순영, 2021).
>
> 　주제탐구독서는 학생들의 관심사를 반영하여 주제를 선정함으로써 학생들의 내적 동기에 영향을 줄 수 있어요. 자신이 선택했다는 감정은 학생들의 주체성을 높이고, 자신이 선택한 텍스트를 다 읽었다는 성취감은 독서 효능감을 높여줍니다. 학생들은 주제탐구독서 과정에서 독자로서 주체적으로 독서 목표를 설정하고, 텍스트를 선택할 수 있어요. 선택한 텍스트를 읽으며 자신이 알고 싶은 주제에 대하여 탐구하면서 자기 주도적 읽기의 과정을 경험하게 됩니다. 이러한 일련의 과정이 교사에게는 쉽지 않은 과제이지만, 학생들에게는 자기 주도적 읽기를 경험하는 특별한 시간이 될 수 있어요.

이와 같이 다양한 읽기 목적, 다양한 텍스트, 다양한 지도 방법 등을 포괄하고 있는 주제탐구독서는 실제 수업을 실행해야 하는 교사들에게 고부담으로 다가갈 수밖에 없습니다. 이러한 문제를 해결하기 위해 이 책에서는 실제 현장에서 실행한 수업 전 과정을 담아 구체적인 수업 준비와 수업 과정, 결과물을 담아 최대한 현장에서 활용하기에 편리하도록 구성했어요.

2. 주제탐구독서 수업은 어떻게 할까요?

주제탐구독서 수업의 과정은 수업의 특성에 따라 다르지만, 일반적으로 앞서 살펴본 〈주제탐구독서의 과정〉에서 제시한 것과 유사한 절차를 따릅니다.

준비 (주제 탐색, 자료 수집) ⇨ 실행 (읽기) ⇨ 생산 (자료 정리, 결과 공유)

1) 도입: 주제탐구독서의 준비

① 주제탐구독서의 가치 인식, 과제 인식하기

학생들이 본격적으로 자신이 탐구할 주제를 정하기 전에 주제탐구독서의 개념과 활동의 의의, 과제의 특성 등을 이해할 수 있는 시간을 마련하면 좋아요. 앞서 살펴본 복잡한 독서 과정을 자세히 설명할 필요는 없고, 학생들이 이해하기 쉬운 수준(예를 들어, 관심 주제가 담긴 글을 읽고, 생각하고, 나름대로 정리하는 시간)으로 설명하는 편이 좋습니다. 학생들과 주제탐구독서 과정의 가치에 대해 이야기를 나눈 뒤에 본격적으로 주제탐구독서 수업을 진행한다면 학생들은 이 활동이 요구하는 결과물과 자신들이 느끼게 될 가치를 예상하고 활동에 참여할 수 있고, 이것이 독서 활동을 유지하는 동기로 작용할 수 있어요.

주제탐구독서는 다른 독서 수업에 비해 상대적으로 시간이 많이 필요하며, 그 과정이 복잡합니다. 그러므로 이 과정 전체를 관통하는 독서 목적을 설정하고 읽는 것이 중요하기 때문에, 마지막에 공유하게 될 결과물을 정리하는 방법에 대해서 미리 생각해보도록 하거나 제시해 주어야 해요. 이 부분은 구체적이면서 예시가 포함된 안내이면 좋습니다. 독서 활동이 진행되는 동안에는 작성해야할 결과물의 형식과 내용에 대해 자주 상기시키면서 학생들이 스스로 메타인지를 활용할 수 있게 도와 주세요.

앞서 주제탐구독서 과정에서도 강조한 것처럼 눈으로 보이는 제출된 결과물의 수준보다는 독자의 머릿속에서 일어나는 독서 과정과 결과물이 중요합니다. 그러므로 활동 후에 주제 탐구를 하는 과정에서 어려움을 느꼈거나, 흥미로웠던 것, 배우게 된 것 등 대해 구체적으로 이야기 나눌 것임을 사전에 안내해 주세요.

② 주제 탐색

주제탐구독서의 첫 번째 활동은 주제 탐색입니다. 주제탐구독서 수업에서는 학생 주도의 읽기가 강조되는 주제탐구독서의 특성에 맞추어 학생에게 주제 선정의 권한을 주어야 해요. 다만, 학생들이 스스로 무엇에 관심이 있는지 알지 못하는 경우도 많기 때문에 다양한 주제를 제시하는 것으로 수업을 시작할 수 있어요. 주제 선정의 권한도 다양한 층위로 제한할 수 있습니다. 주제 탐색 과정에 교사가 어느 정도 개입하느냐에 따라 수업의 모습이 달라지지요.

㉠ 주제 선정을 학생이 하는 경우

주제 선정을 학생이 하는 경우, 주제 선정에 교사가 개입하지 않고 학생이 전체를 책임지도록 할 수 있어요. 이때 교사의 역할은 다양한 주제의 예를 준비하고, 활동의 전 과정을 미리 안내하는 것입니다. 학생이 주제탐구독서의 과정과 제출해야할 결과물을 인식한 상태에서 주제를 선정하는 것과 아무것도 모른 채로 관심 있는 주제를 한 가지 제출하는 것은 큰 차이가 있어요. 학생 주도의 주제 선정 방법은 주제를 자유롭게 정한다는 면에서 학생들의 관심사를 제대로 반영한다는 장점이 있지만, 학생 전체를 도와야 하는 교사의 입장에서 어려움이 느껴질 수 있습니다.

이러한 문제를 해결하기 위해 예시 주제를 다양하게 제공하고 모둠별로 주제를 정하도록 하는 방법, 비슷한 관심사가 있는 학생들이 모여 주제를 선정하도록 하는 방법이 있어요. 이 방법을 활용하면 학생들이 주제를 선정하지만, 주제를 관리 가능한 수준(학급당 4-5개)으로 줄일 수 있다는 장점이 있습니다.

주제탐구독서를 시작할 때, 주제 탐색 시간을 길게 갖고 찾아볼 수 있도록 지도하는 것도 좋습니다. 머리로만 생각하기보다 학생들이 스스로 다양한 주제를 인터넷이나 도서관에서 찾아볼 수 있도록 시간을 주는 것이죠. 이 과정에서 자료를 발견하기도 하는데, 이를 잘 기록하도록 사전에 안내하여 한 번 찾은 읽기 자료를 다시 찾는데 시간을 허비하지 않도록 도와줄 수 있어요.

ⓛ 주제 선정 과정에 교사가 개입하는 경우

가장 좋은 방법은 학생 스스로 주제 선정을 하도록 돕는 것이지만, 평가 등 다양한 현장 상황을 고려하여 주제 선정 과정에 교사가 개입할 수 있습니다. 이때, 교사가 하나의 주제를 정하여 제공하는 방법과 교사가 상위 주제(대주제)를 정하고, 하위 주제(소주제)는 학생들이 정하도록 하는 방법이 있어요. 수업 진행의 편의상 주제를 하나로 정할 때, 교사가 정해서 제시할 수도 있고, 학생들과 의논하여 하나의 주제를 정할 수도 있습니다.

그러나 주제탐구독서 수업의 원래 목적은 학생 개인의 관심사를 다양하게 반영하여 자기 주도적 독서를 하도록 하는 것에 있으므로 최대한 학생들이 자신의 관심 주제를 탐구할 수 있도록 돕기를 권합니다.

③ 자료 수집

주제가 탐색이 끝나면 읽기 자료를 수집합니다. 자료 수집 과정에서 교사가 주제와 관련된 다양한 읽기 자료를 제공할 수도 있고, 학생들이 스스로 찾도록 도와줄 수도 있어요. 교사들이 학생들과 주제탐구독서를 진행할 때 가장 어려움을 느끼는 것 중 하나가 책(또는 자료)을 선정하는 것입니다. 무엇보다 학생들이 관심을 갖고 있는 다양한 분야의 텍스트들을 교사가 모두 알 수 없다는 점이 문제가 될 수 있지요. 그러므로 학생들에게 다양한 책의 종류를 소개하는 수준에서 넘어서서 주제와 관련된 책과 자료의 특성을 소개한다면 학생들이 스스로 책을 찾아 읽는 것에 도움을 얻을 수 있습니다.

문학 텍스트의 특성은 국어 수업 시간에 많이 다루어지므로 학생들에게 상대적으로 익숙하지만, 다양한 분야의 정보 텍스트는 특성을 중심으로 다루기보다 학습 목표 성취를 위해 도구적으로 다루어지는 경우가 많아 학생들이 낯설어하는 경향이 있어요. 대체로 사회-문화, 과학-기술 분야의 책과 자료들은 표, 그래프, 통계 수치, 수식, 지도 등 다양한 시각 자료가 자주 사용됩니다. 독자들이 이러한 시각 자료를 글과 함께 대응시켜 이해하도록 쓰는 것이 이 분야의 책과 자료의 특성이에요. 그러므로 시각 자료가 부족하면 이 분야의 책과 자료 읽기는 더 어렵게 느껴집니다. 인문-예술 분야의 책과 자료들은 다양한 근거를 글로 서술하는 경향이 있지만, 최근 들어 이 분야의 글들도 그림이나 사진 등 시각 자료를 활용하는 경우가 많아지고 있어요. 만약, 학생이 역사와 관련된 주제의 텍스트를 찾는다면 사료의 사진이

풍부한 것을 찾도록 지도하거나, 경제와 관련된 주제의 텍스트라면 경제 지표를 설명하는 수치가 담긴 표나 그래프가 풍성한 텍스트를 고르도록 지도하는 방법이 있습니다.

각 분야에서 출판되는 다양한 텍스트의 형식에 대해서도 이해하고 있다면 도움이 됩니다. 예를 들어, 사회-문화, 과학-기술 분야와 관련해서는 단행본 뿐만 아니라 뉴스 기사, 연구보고서, 전문 잡지, 논문 등 신뢰할만한 자료의 종류를 다양하게 안내해 주세요. 이때 해당 자료를 찾는 방법을 함께 지도하면 좋습니다. (구체적인 자료 찾기 방법은 실천 장의 주제별로 자세히 다루었어요.)

ㄹ) 전개: 주제탐구독서의 실행

주제에 맞는 읽기 자료를 정했다면, 읽기 활동을 진행합니다. 이 과정에서 학생들은 단일 텍스트 읽기에 비해 복잡한 읽기 과제를 만나 여러 어려움을 겪지만, 그 어려움은 머릿속에서 일어나는 과정이기에 무엇이 어려운지 설명하기도, 교사의 입장에서 학생들에게 적극적으로 도움을 주기도 쉽지 않아요. 이 때 앞서 살펴본 독서 실행 과정에서 활용하는 독서 전략들을 구체적으로 안내하면 도움이 됩니다.

예를 들어, 독서 활동을 시작하기 전에 텍스트를 연결해 읽을 때 활용할 수 있는 4단계 전략을 안내하는 방법이 있어요. 그 예는 다음과 같습니다.

<표 I-2-1> 여러 개의 글을 연결하며 읽는 방법의 예

1. 확인하기 - 각각의 글들이 서로 관련이 있을지 훑어보며 확인하기 - 관련이 없는 글이라고 생각된다면 따로 빼놓기

2. 핵심 내용 정리하기
- 각각의 글들에 중복되어 나와 있는 핵심 개념이나 내용에 표시하기

3. 유사한 내용 찾기
- 2번에서 표시한 개념 중 유사한 개념을 다룬 것이 있는지 확인하기
- 유사한 개념을 다룬 부분을 같은 색이나 모양으로 표시하기

4. 관계 지정하기
- 3번에 표시한 유사한 개념들에 대한 각 텍스트의 설명을 읽어보기
- 하나의 개념에 대한 각 텍스트의 설명들이 서로 보완해주는 관계인지, 아니면 대조적인 관계인지 확인하여 정리하기

위의 전략을 한 번에 지도하지 않고, 실제 자료들을 읽으면서 한 단계씩 실행하는 과정에 녹여 지도할 수도 있어요. 또한, 학생들은 사전에 과제로 제시한 결과물의 형식과 내용에 따라 자연스럽게 위의 전략을 활용하여 자료를 읽을 수도 있습니다. 다만, 자연스러운 주제 탐구를 유도하기 위해서는 과제와 예상되는 결과물을 매우 구체적으로 제시해야 해요.

실행 과정에서 교사는 학생들이 메타 인지를 충분히 활용할 수 있도록 과제에 대한 인식을 주기적으로 강조하는 것이 필요합니다. 또한 과제 수행을 위해 추가로 필요한 텍스트를 더 찾아서 읽을 수 있도록 돕거나, 주제 통합을 돕는 메모 방법을 알려주는 것도 좋습니다. (자료 찾기와 메모 방법과 관련된 구체적인 예는 II, III, IV장에서 주제별로 확인할 수 있어요.)

실행 단계에서 무엇보다 중요한 것은 학생들의 읽기 시간을 충분히 확보하는 것입니다. 결과물인 과제 작성에 지나치게 시간을 많이 배정하고 학생들이 텍스트를 충분히, 꼼꼼하게 읽을 시간을 마련하지 않는 경우가 있어 주의가 필요해요.

3) 정리: 주제탐구독서의 결과물 생산 및 공유

① 자료 정리

앞서 강조한 것처럼 주제탐구독서 수업의 목표는 독서 과정에서 독자가 얻는 인지적, 정서적인 결과물(독자 내부의 지식과 태도의 변화)입니다. 그러나 실제 수업에서는 주제탐구독서 수업 과정에서 읽은 자료를 정리하여 눈에 보이는 결과물을 만들고, 그것을 공유하며 얻을 수 있는 이점도 많아요. 가장 큰 이점은 교사가 요구하는 과제의 내용과 형식이 학생들에게는 주제탐구독서의 목적지가 되어 준다는 점입니다. 다음은 주제탐구독서 수업의 결과물로 학생들에게 제시할 수 있는 과제의 예시입니다.

㉠ 보고하는 말하기 또는 보고서 쓰기

보고하는 말하기나 쓰기는 학생들이 읽은 텍스트의 내용을 자신의 관심사에 맞추어 읽고, 결과물에 그 내용이 포괄적으로 반영되기를 목적으로 삼을 때 선택할 수 있는 활동 방법입니다. 독자 개인적인 관심과 관련하여 읽기를 시작하지만, 보고서의 내용을 풍성하게 하기 위해서 다양한 텍스트를 포괄적으로 읽었을 때 적절한 보고서를 작성할 수 있어요. 예를 들어, 인공지능에 대한 조사 보고서를 쓴다면 인공지능과 관련하여 (독자가 개인적으로 궁금했던) '생성형 인공지능이란 무엇인가?'라는 주제를 정하고 그 주제를 중심으로 다양한 텍스트에서 답을 찾아 종합하여 보고서를 작성할 수 있습니다.

○ 의견 제시 / 설득하는 말하기 또는 글쓰기

의견 제시 또는 설득하는 말하기나 쓰기는 학생들이 자신이 읽은 텍스트의 내용 중에서 자신의 의견을 제시하고 타인을 설득하기 위해 정보를 선택하여 읽도록 유도하는 활동 방법입니다. 자신의 의견을 설득하는 방법은 논리적 방법도 있고 정서적으로 호소하는 방법도 있어요. 독자는 타인을 설득하는 자료를 구하기 위해 자신의 관점과 같은 텍스트를 선별하고, 선별한 텍스트의 내용을 통합하여 설득하는 말하기나 글쓰기를 할 수 있습니다.

○ 논증하는 말하기 또는 글쓰기

논증하는 말하기나 쓰기는 나와 유사한 관점의 텍스트와 함께 나와 다른 관점의 텍스트도 읽고 통합하여 내용을 정리하는 활동입니다. ○설득하는 말하기나 쓰기와 ○논증하는 말하기와 쓰기 활동의 경계가 불분명한 면이 있지만, ○은 자신의 관점과 유사한 텍스트만을 선별하여 읽는 활동이고, ○은 자신의 주장을 더욱 공고하게 하기 위해 논증 과정에서 다른 관점에 대한 텍스트도 꼼꼼하게 읽고 반박하도록 유도한다는 차이가 있어요. 교사가 학생들의 논증하기 활동을 유도하기 위해 주제탐구독서와 함께 토론 활동을 함께 진행한다면 학생들은 자신의 관점을 중심으로 텍스트를 읽기는 하지만, 자신의 관점과 다른 텍스트까지도 확장하여 읽는 모습을 확인할 수 있을 것입니다.

○ 요약하기

요약하기는 학생들이 주어진 텍스트의 내용을 모두 읽고 타인이 이해할 수 있는 수준에서 내용을 정리하기를 목적으로 하는 활동입니다. 독자의 요약은 본질적으로 개인적 읽기 목적에서 시작해요. 그러나 요약하기 과제에서는 제시한(혹은 독자 스스로 찾은) 다양한 텍스트의 내용을 고르게 포괄하여 정리하기가 요구됩니다. 보고하기 과제 또한 타인이 이해할 수 있는 수준에서 내용을 정리해야 하지만, 독자 스스로 세운 질문에 대해 답이 되는 정보만을 선택해서 읽고 이해하기 쉽게 정리하는 것이기 때문에 요약하기 과제와 차이가 있지요. 즉, 요약하기는 개인적 목적에서 시작하지만, 해당 주제와 관련하여 읽기 범위를 텍스트 전체로 확장하면서 포괄적으로 읽는 활동이에요. 학생들이 주어진 텍스트들을 특정 관점에 따른 선별 과정 없이 통합적으로 읽기를 원하는 교사가 선택할 수 있는 과제 중 하나입니다.

② 공유하기

독자들이 생산한 결과물을 공유하는 것은 다른 독자의 주제탐구독서 과정을 알 수 있는 중요한 활동입니다. 공유하는 활동을 할 때, 읽기 과정에서 얻은 지식이나 정서적 변화를 함께 공유하도록 유도하는 것이 좋습니다.

㉠ 발표하기

발표하기는 가장 쉽게 할 수 있는 공유하기 방법입니다. 학생이 자신의 결과물을 단순히 읽는 것보다, 그 결과물을 만들어 가는 활동 과정에 대해서도 함께 설명할 수 있도록 지도합니다.

ⓛ 토론하기

토론하기는 주제탐구독서의 과제이면서 동시에 결과물 공유 활동으로 활용할 수 있습니다. 학생들은 토론을 준비하기 위해 다양한 텍스트를 읽고 통합하여 자신의 의견에는 근거를 더하고, 상대방의 주장을 반박하기 위한 근거도 마련합니다. 토론 중에 자료 읽기 시간을 추가로 배정하여 찬성과 반대 진영 각자가 근거를 더할 시간을 제공하고, 학생들이 필요한 자료를 더 다양하게 추가하며 읽도록 유도할 수도 있어요.

ⓒ 전시회하기

전시회하기는 결과물을 일정 시간 게시판에 노출하는 방법으로, 학생들이 타인의 활동 결과물을 원하는만큼 자세히 살펴볼 수 있다는 장점이 있습니다. 또한 학생들이 전시회를 목표로 했을 때 결과물의 질적 수준을 높이는데 관심을 가질 수 있어요. 다만 전시가 가능할 정도의 크기로 결과물을 만들고, 전시 가능 장소를 마련해야한다는 번거로움이 있으며, 읽기 과정보다 눈에 보이는 결과물 위주의 공유가 될 수 있기에 주의가 필요합니다.

ⓔ 실천하기

실천하기는 주제탐구독서 활동을 통해 얻은 지식을 직접 실생활에 적용하며 타인과 공유하는 활동입니다. 주로 사회적 주제를 다루었을 때 실천으로 이어지는 경우가 많아요. 예를 들어 환경이나 인권 문제와 관련된 주제탐구독서를 했다면, 이와 관련하여 환경 캠페인, 인권 운동 등으로 이어질 수 있지요. 또한, 진로 독서와 관련해서 자신의 진로와 관련된 정보가 담긴 텍스트들을 읽고 직접 실천할 수도 있습니다. 예를 들어, 요리와 관련된 진로를 희망하는 학생이라면 요리 관련 정보 텍스트들을 읽고 요리 자격증의 종류를 알게 되어 다양한 자격증 준비를 할 수도 있고, 요리와 관련된 학교에 대한 정보를 확인하고 진학할 수도 있습니다.

실천하기를 통한 공유 활동은 학생들이 독서 활동이 실제 생활과 밀접한 관련이 있음을 느낄 수 있다는 장점이 있으나 많은 시간이 필요하고 학생에 따라 실천 가능성 여부가 다를 수 있기 때문에 학교 실정에 맞게 진행해야 합니다.

[읽기 자료]

참고 문헌

교육부(2022), 『국어과 교육과정』, 교육부 고시 제2022-33호 [별책 5].

김종윤(2014), 「다문서 읽기 연구의 연구 동향과 전망」, 『국어교육학연구』 49(3), 138-163쪽.

김혜정(2020), 「주제 중심 교과 통합 독서의 재조명: 질문 기반 독서 프로그램 사례를 중심으로」, 『국어교육연구』 73, 185-214쪽.

류운하(2019), 『고등학생의 주제 통합적 읽기 과제의 인식 및 수행 양상 연구: 3학년 학생의 신문 스크랩 활동을 중심으로』, 고려대학교 교육대학원 석사학위 논문.

이순영(2006), 「독서 동기와 몰입에 영향을 주는 요인에 관한 이론적 고찰」, 『독서연구』 16, 359-381쪽.

이순영(2021), 「청소년 비애독자의 현황과 지원 방안 연구: 2018-2020 독자개발연구의 결과 종합」, 『독서연구』 60, 63-92쪽.

Adler, M. J., & Van Doren, C. (1972), *How to read a book: The classic guide to intelligent reading*, 민병덕 역(2011), 『독서의 기술』, 범우사.

List, A., & Alexander, P. A.(2019). Toward an integrated framework of multiple text use. *Educational Psychologist*, 54(1), 20-39쪽.

Ⅱ. 과학 주제탐구독서 수업하기

생성형 인공지능 '챗GPT' 정복하기
- 질문으로 엮어 읽고, 토론하기

#챗GPT #소규모 동아리 #독서 포트폴리오

1. 활동 소개

인공지능의 발전이 가속화되면서 생성형 인공지능 '챗GPT'가 사회의 뜨거운 감자로 떠올랐습니다. 학생들은 사회적 이슈에 관심을 가지고, 생성형 인공지능의 개념과 특징, 시사점에 관해 탐구하는 다양한 질문들을 직접 만들어볼 수 있어요.

책, 잡지, 논문, 칼럼, 기사문, 영상 등 다양한 형식의 읽기 자료들을 엮어 읽음으로써 그 질문들에 대한 답을 찾고, 주변 동료들과의 토론을 통해 주제에 대한 지식과 생각을 더욱 확장하고 발전시켜 나갈 수 있는 활동입니다.

책에서 소개하는 본 활동은 중학교 교육과정에서 소규모 동아리 형태로 진행된다는 점이 특징적이에요. 또한 온라인 가상 게시판 '패들렛'을 활용하여 구성원들 간 자료 공유가 원활하게 이루어지며, 학생들은 패들렛에 자신의 활동 기록을 날짜별로 계속해서 추가해 나감으로써 독서 포트폴리오를 직접 눈으로 확인하며 활동에 참여할 수 있어요.

· 챗GPT

본 수업은 사람과 대화를 주고받는 인공지능 챗GPT에 대해 탐구하는 것을 목표로 합니다. 지금까지 개발된 여러 인공지능 모델 중에서도 챗GPT는 인간과 인공지능 간의 소통을 향상시키고, 그 소통을 통해 다양한 정보를 찾아 문제를 해결할 수 있도록 도와줍니다. 정보가 넘쳐나는 현대 사회에서 챗GPT의 기능과 역할이 대두되고 있기에 새로운 기술과 혁신에 발맞추어 이에 대해 이해하고 충분히 탐구하는 과정이 필요해요.

· 소규모 동아리

10명 미만의 소규모 동아리 형태로 수업을 운영하면 다양한 자료를 엮어 읽고, 질문하고, 토론하며, 글을 쓰는 일련의 과정에서 학생 개개인에게 질 높은 피드백을 제공할 수 있다는 장점이 있어요. 주제나 도서를 선정할 때도 학생들의 개별적인 관심사나 선호도를 반영하는 데 부담이 적고, 교사와 학생 간의 상호작용이 늘어납니다.

· 독서 포트폴리오

평소에 독서를 좋아하는 학생들도 있지만, 그렇지 않은 학생들도 있습니다. 따라서 주제탐구독서를 하기 위해서도 우선 학생들의 읽기 동기를 증진시킬 수 있어야 해요. 읽기 동기를 신장시킬 수 있는 방법 중 하나가 바로 학생들로 하여금 스스로 성취감을 느끼게 하는 것이지요. 본 수업에서는 온라인 공유 게시판을 운영하여 학생들에게 매시간 활동 결과물을 꾸준히 남기게 합니다. 학생들은 이 과정을 통해 완성된 자신만의 독서 포트폴리오를 수시로 확인하며 성취감을 느끼고, 부족한 점은 지속적으로 보완할 수 있어요.

2. 준비물

읽기 자료, 디지털 도구, 온라인 게시판(패들렛), 활동지

1) 읽기 자료

생성형 인공지능에 관한 책이나 자료들은 계속해서 꾸준히 생겨나고 있습니다. 따라서 학생들이 주제에 관해 관심과 흥미를 가지고 꾸준히 읽어나갈 수 있는 자료, 자신의 수준을 고려하여 너무 어렵지 않게 주제에 접근할 수 있는 자료들을 선별할 수 있도록 안내합니다.

학생들이 주제 탐구를 위해 가장 먼저 접하게 되는 책의 경우에는 <u>대상의 개념과 등장배경, 특징 등이 포함되어 기본적인 배경지식을 쌓을 수 있도록 하는 도서를 선택할 수 있어야 해요.</u>

• 추천 도서1: 『챗GPT에게 묻는 인류의 미래』(김대식·챗GPT, 동아시아, 2023)

이 책은 카이스트 전기전자공학부 교수이자 뇌과학자이기도 한 김대식 교수가 생성형 인공지능 '챗GPT'와 공동으로 저술했다는 점에서 굉장히 흥미롭습니다. 김대식 교수는 단순히 인간 대 기계의 구도가 아닌, 인간과 기계가 함께할 수 있는 인류의 미래에 관한 가능성을 챗GPT에게 직접 물어봅니다. 김대식 교수가 질문을 하고 챗GPT가 답변한 내용을 그대로 책에 담아냈으며, 학생들은 이를 통해 챗GPT의 특징과 한계, 사용법에 대한 정보까지 얻을 수 있어요. 챗GPT에 관심을 가지는 독자라면 궁금해하는 질문 중 하나인 '인공지능과 함께하는 인류의 미래는 어떨까?'에 대한 답변을 인공지능인 챗GPT를 통해 듣는 구성방식이 신선합니다.

이 책은 챗GPT의 등장으로 생겨난 변화와 영향력을 의학, 경제, 법률, 예술, 교육 등 분야별로 나누어 구체적으로 보여주고 있어요. 다양한 예시와 시각 자료들을 함께 제시하고 있어 전문지식이 없는 일반 독자들도 충분히 쉽게 읽어내려갈 수 있지요. 이와 동시에 챗GPT의 출현이 인류에게 위기로 다가올지, 기회로 다가올지에 관한 질문을 던지며 우리 사회의 논쟁거리에 대해 생각해볼 수 있는 계기를 마련하기도 합니다. 챗GPT의 특징, 장점뿐만 아니라 한계에 대해서도 다루고 있으며, 어떻게 질문해야 챗GPT로부터 필요한 답변을 얻어낼 수 있는지 적절하게 잘 질문하는 능력의 필요성에 대해서도 강조하고 있어요.

2) 디지털 도구

주제와 관련된 다양한 읽기 자료들을 탐색하거나 읽어나가기 위해 노트북이나 태블릿 피시 등의 디지털 도구가 필요합니다. 이외에도 챗GPT 체험하기, 온라인 게시판 활동하기, 발표 자료 제작하기 등의 활동에 원활하게 참여하기 위해서는 노트북을 준비하는 것을 권장해요.

3) 온라인 게시판(패들렛)

학생들에게 중요한 안내사항을 전달하고, 학생들의 읽기 과정 및 결과를 교사와 학생 간, 학생과 학생 간에 공유하면서 서로 피드백을 주고받기 위해 온라인 게시판(패들렛)을 개설하면 편리합니다. 댓글 기능을 활용해 필요한 경우에 개별 학생에게 피드백을 언제든지 제공할 수 있고, 학생들끼리 서로의 주제 탐구 과정에 관한 도움을 주고받을 수 있어요. 이를 위해 교사는 패들렛에 접속하여 수업 구성원끼리 공유할 수 있는 패들렛 페이지를 미리 개설하고, 학생들에게 해당 페이지의 링크를 공유해줘야 합니다. 또한 학생들이 패들렛에 로그인하지 않은 채 게시글이나 댓글을 작성하면 익명으로 처리될 수 있어요. 따라서 학생들에게 회원가입 후 패들렛 페이지에 미리 한 번 접속해볼 수 있도록 안내하여 이상이 없는지 확인하는 절차가 필요합니다.

ㄴ) 활동지

발표, 토론, 논설문 작성 등 일련의 독서 후속 활동을 위한 활동지가 필요해요. 구체적인 활동지 예시는 3장을 참고하면 됩니다. 필요한 경우 학생들의 읽기 자료 선정을 돕기 위한 북매치 체크리스트 활동지도 제공하는 것이 좋습니다. 이 역시 구체적인 활동지 내용은 3장에 소개되어 있습니다.

3. 주제탐구독서 활동 과정 자세히 보기

1) 활동 개요

[그림 Ⅱ-1-1] '질문으로 엮어 읽고 토론하기' 활동 개요

① 주제 탐색 및 선정하기

활동 첫 시간에 최근의 사회적 이슈가 무엇인지, 본인의 관심 분야가 무엇인지 편안한 분위기 속에서 학생들과 이야기를 나눔으로써 독서 주제를 함께 탐색하고 선정합니다.

② 도서 선정하기

주제가 선정되었다면 해당 주제에 관해 탐구하며 읽을 수 있는 메인 텍스트(main text)를 선정해야 해요. 이때 메인 텍스트는 학생들이 가장 먼저 읽는 자료이므로 주제에 관하여 배경지식을 마련하고, 탐구 질문을 생성해낼 수 있도록 충분한 길이의 단행본 도서로 한정합니다.

③ 책 읽고 소감 및 질문 작성하기

학생들은 자신이 직접 선정한 도서를 읽고 나서 새롭게 알게 된 내용과 느낀 점을 패들렛에 게시물 형태로 정리하고, 앞으로 계속해서 더 탐구하고 싶은 내용을 질문으로 만듭니다.

④ 다양한 자료 엮어 읽기

학생들은 각자 남긴 소감과 질문들을 토대로 계속해서 주제에 관해 탐구해나갈 수 있도록 엮어 읽기 자료들을 탐색합니다. 메인 텍스트는 단행본 도서로 한정했으나, 엮어 읽기 자료는 기사문, 논문, 백과사전, 영상 등 모두 가능해요. 이 과정에서 주제 통합적 읽기가 활발하게 일어나게 되지요.

⑤ 읽은 내용 종합하여 발표하기

학생들은 이번 활동에서 읽게 된 모든 자료의 내용을 전체적으로 정리하고 종합하여 주제에 관한 자신의 생각을 발표합니다. 효과적인 발표를 위해 발표 자료를 만들어 공유하고, 발표를 마무리하면서 동료들과 토론할 만한 거리를 함께 제시하게 합니다.

⑥ 토론하기

발표를 통해 수합한 토론 거리들 중 유의미한 토론 주제를 선별하여 학생들끼리 서로의 생각과 주장을 적극적으로 공유하게 합니다. 독서를 통해 습득한 지식들을 기반으로 자신의 생각을 언어로 재구성하여 표현하게 함으로써 탐구 주제에 관한 지식과 가치를 정교화 및 심화시킬 수 있어요.

⑦ 미니 논설문 작성하기

토론 과정을 통해 탐구 주제에 대해 더욱 확고해지거나 변화하게 된 생각과 가치관을 한 편의 짧은 논설문 형태로 정리하며 활동을 마무리해요.

ㄹ) 활동 과정 자세히 보기

<표 Ⅱ-1-1> '질문으로 엮어 읽고, 토론하기' 주제탐구독서 수업 과정

활동	교사가 하는 일	학생이 하는 일	시간
주제 탐색 및 선정하기	• 활동 계획 및 방향 안내 • 독서 주제 선정 지도	• (공동) 독서 주제 논의 및 선정	1시간

도서 선정하기	• 도서 선정 지도
	  - 추천 도서 목록 제시
	  - 북매치 체크리스트 배부
		• (개별) 도서 탐색 및 선정	

책 읽고 소감 및 질문 작성하기	• 챗GPT 체험 방법 안내
	• 독서 분위기 조성
	• 소감 및 질문 작성 지도
	  - 패들렛 활용법 안내
	  - 질문 생성 피드백 제공
		• 선정 도서 읽기
		• 챗GPT 체험
		• 소감 및 질문 작성
			3시간

*다양한 자료 엮어 읽기	• 자료 탐색 지도 • 독서 분위기 조성 • 내용 및 소감 작성 지도 • 피드백 제공	• 다양한 자료 탐색하기 • 엮어 읽기 • 읽은 내용 및 느낀 점 정리하기	3시간
읽은 내용 종합하여 발표하기	• 발표 가이드라인 및 예시 제공 • 학생 발표 내용 정리 및 평가 • 토론 주제 사전 논의 및 지도	• 읽은 내용 종합하여 발표하기 • 동료 평가 및 자기 평가 • 토론 주제 선정 및 토론 준비	2시간
토론하기	• 모둠 편성 및 토론 활동 지도	• 토론 참여	2시간
미니 논설문 작성하기	• 미니 논설문 작성 안내 • 학생 개인별 피드백 제공	• 미니 논설문 작성	1시간

(* 표시된 부분: 주제 통합적 읽기가 가장 활발하게 일어나는 활동)
('읽은 내용 종합하여 발표하기' 활동 시간은 발표하는 학생 수를 조정함에 따라 달리할 수 있어요. '토론하기' 활동을 생략하거나, '미니 논설문 작성하기' 활동을 과제로 제시 또는 생략한다면 최소 9시간으로도 운영할 수 있어요.)

〈표 Ⅱ-1-1〉의 과정은 중학교 3학년 한 학기 간 동아리 활동 상황을 전제로 구성된 것이에요. 그러므로 학교급이나 수업 및 활동의 성격에 따라 세부 내용은 재구성할 수 있습니다.

① 주제 탐색 및 선정하기

1차시에는 활동 계획과 방향에 대해 간단히 안내하고 소개해요. 그리고 평소 관심 분야, 선호하는 장르, 즐겨 읽는 책 등에 대해 서로 가볍게 이야기를 나눌 수 있도록 지도합니다. 이 과정에서 구성원들 간에 친밀감을 쌓고, 각자의 성향을 알아볼 수 있어요.

학생들과 최근 관심 분야를 주제로 대화를 나누며 독서 주제를 선정합니다. 하지만 교실 현장에서 독서 주제를 정할 때 모든 학생들의 의견을 반영할 수 없는 상황이 발생하기도 하지요. 이러한 때에는 다수결의 방식으로 결정하여 하나의 주제로 통합하여 운영하는 방법이 있고, 학생들의 선택을 존중하여 선택 결과에 따라 모둠을 편성하여 운영하는 방법이 있어요. 세부적인 운영 상황에 따라 방법을 선택하여 진행해야 하겠지만, 후자가 학생들의 읽기 동기를 높이는 데에는 더욱 효과적입니다.

② 도서 선정하기

본 활동에서 학생들은 온라인 검색을 통해 평소 '챗GPT'에 관해 궁금했던 정보가 담긴 책을 각자 선정하기로 하였습니다.

책 고르기 어떻게 지도하나요?

학생들은 자신의 읽기 수준과 세부 관심사를 기반으로 주제와 관련된 다양한 도서들을 직접 탐색하고 선별해요. 학생들은 책 제목과 표지 디자인, 책의 두께와 글자 크기, 저자 정보, 목차, 추천 문구 등을 꼼꼼히 살펴보고 자신이 읽을 책인지 스스로 판단합니다. 따라서 학생들마다 서로 다른 책을 선정하는 결과가 나올 수 있어요.

교사는 학생들로 하여금 주제와 관련하여 궁금했거나 새롭게 알고 싶은 내용들이 책에 포함되어 있는지 '훑어보기'나 '목차 살펴보기' 방법을 통해 반드시 확인할 수 있도록 지도해야 해요. 한편, 관련 배경지식이 부재하거나, 자신의 읽기 수준을 파악하지 못해 도서 선정을 어려워하는 학생들이 있을 수도 있습니다. 이 경우에는 교사가 추천 도서 목록을 제공한 후, 워츠와 웨드윅(Wutz & Wedwick, 2008)의 'BOOKMATCH' 전략을 소개하고 시범보일 수 있어요. 〈표 Ⅱ-1-2〉의 체크리스트 학습지를 참고하여 학생들에게 제공할 수 있습니다.

〈표 Ⅱ-1-2〉 BOOKMATCH 전략 활용을 위한 학생 체크리스트(이순영 외, 2015)

책 선정 요소		선정 기준	평가 결과	
			O	X
B	책의 길이 (Book Length)	• 책의 길이는 적절한가? • 분량이 적정한가? • 읽은 만한 수준의 책 길이인가?		
O	언어의 친숙성 (Ordinary Language)	• 아무 쪽이나 펴서 크게 읽어 보아라. • 자연스럽게 읽을 수 있는가? • 읽을 때 글의 의미가 잘 통하는가?		
O	글의 구조 (Organization)	• 책은 어떤 구조로 이루어져 있는가? • 책의 크기나 한 쪽당 단어의 개수는 적정한가? • 챕터의 길이가 긴가 혹은 짧은가?		

K	책에 대한 선행지식 (Knowledge Prior to Book)	• 제목을 읽고, 겉표지를 보거나 책 뒤의 요약 문을 읽어라. • 책의 주제, 필자, 삽화에 대해 내가 이미 알고 있는가?		
M	다룰 만한 텍스트 (Manageable Text)	• 책을 읽어 보자. • 책의 단어 수준은 나에게 적합한가? 쉬운가? 어려운가? • 읽고 있는 부분을 이해할 수 있는가?		
A	장르에 대한 관심 (Appeal to Genre)	• 책의 장르나 글의 유형은 무엇인가? • 전에 이 장르나 글의 유형을 접해본 적이 있는가? • 좋아할 만한 책의 장르나 글의 유형인가?		
T	주제 적합성 (Topic Appropriate)	• 이 책의 주제가 편안한가? • 내가 이 주제에 관하여 읽을 준비가 되었다 고 느끼는가?		
C	연관 (Connection)	• 나와 이 책의 내용을 연관 지을 수 있는가? • 이 책은 어떤 것이나 어떤 사람을 나에게 상 기시키는가?		
H	높은 흥미 (High-Interest)	• 이 책의 주제에 관하여 흥미가 있는가? • 필자나 삽화가에 대하여 흥미가 있는가? • 이 책을 다른 사람이 추천하였는가?		

　　추천 도서 목록을 아무 설명 없이 제공할 경우, 학생들은 자신의 수준이나 관심, 흥미를 고려하지 않고 교사의 추천을 무조건적으로 수용할 가능성이 높습니다. 이에 추천 도서의 읽기 난이도와 수준, 구성, 내용, 특징 등에 대해 학생들로 하여금 체크리스트를 활용해 판단하게 하고, 최종적으로는 학생들이 스스로 도서를 선택할 수 있도록 유도해야 합니다.

　　한편, 'BOOKMATCH 전략 학생용 체크리스트'에서 '주제 적합성(Topic Appropriate)' 요소의 경우, 이미 독서 주제를 정한 상태이기에 세부적인 주제 및 내용에 대해 탐색할 수 있도록 안내합니다. 이외에도 체크리스트에 있는 문항 중 학생의 상황에 맞게 변형하거나 일부 문항만 적용해도 좋습니다.

 **더 알아보기**

패들렛 활용하기 (https://k.padlet.com)

매 차시 활동 과정이나 결과를 '패들렛(온라인 가상 게시판)'에 기록하게 하여 학생별로 독서 포트폴리오를 완성할 수 있습니다. 이는 학생들에게 독서 성취감을 안겨주는 동시에 계속해서 새로운 독서 동기를 자극해요. 날짜별로 기록된 활동 결과물들을 확인함으로써 학생들은 매시간 자신의 활동을 되돌아보며 스스로의 활동 방향을 점검하고 조정할 수 있어요. 뿐만 아니라 동료 학생들과 활동 과정이나 결과를 공유하며 자연스럽게 토의·토론의 장으로 확장되기도 합니다.

〈교사의 활동 안내〉　　　　　　　〈학생의 활동 기록〉

[그림 Ⅱ-1-2] 1차시 패들렛 활동 기록 예시

[그림2]처럼 교사의 안내에 따라 각자 게시글을 남기면 학생들은 패들렛의 화면을 통해 서로의 활동 결과물을 확인하고 소통할 수 있어요. 〈교사의 활동 안내〉 중 '실시간 인기 검색어'는 학생들 모두 '챗GPT'에 대해 공통적으로 관심이 있다는 것을 확인한 후, 해당 주제가 온라인 서점 사이트에서도 인기 검색어로 등재되어 있다는 것을 알려주기 위해 교사가 추후 추가한 부분입니다. 이처럼 주제와 관련한 정보를 패들렛을 통해 함께 공유할 수도 있습니다.

③ 책 읽고 소감 및 질문 작성하기

학생들은 주제에 맞게 선정한 책을 각자 가져와 읽습니다. 〈표 Ⅱ-1-3〉은 '챗GPT'에 대해 탐구하기 위해 학생들이 직접 선정해온 책들의 목록입니다. 교사가 추천한 도서를 가져온 경우도 있지만, 자신이 읽고 싶은 책을 직접 탐색하여 소개되지 않은 책을 가져온 학생들도 있어요. [그림 Ⅱ-1-3]과 같이 학생들은 각자 준비해온 책의 제목과 그 책을 선정한 이유에 대해 패들렛에 간단히 정리하고, 이후 자신만의 독서 시간을 가집니다.

〈표 Ⅱ-1-3〉 학생들이 직접 선정한 '챗GPT' 관련 도서 목록

책 정보	선택 인원
A. 『챗GPT에게 묻는 인류의 미래』 (김대식·챗GPT 지음, 동아시아, 2023)	4명
B. 『GPT제너레이션: 　챗GPT가 바꿀 우리 인류의 미래』 (이시한 지음, 북모먼트, 2023)	2명

C. 『챗GPT 질문하는 인간, 답하는 AI』 (이임복 지음, 천그루숲, 2023)	1명
D. 『챗GPT: 마침내 찾아온 특이점』 (반병헌 지음, 생능북스, 2023)	1명
E. 『챗GPT 혁명』 (권기대 지음, 베가북스, 2023)	1명

[그림 Ⅱ-1-3] 2차시 패들렛 활동 기록 예시

학생들은 주어진 활동 시간 내에 책을 읽고 나서 패들렛에 새롭게 알게 된 점을 정리하며, 앞으로 더 알아가고 싶은 점, 궁금한 점 등에 대해 〈표 Ⅱ-1-4〉와 같이 질문을 만듭니다. 그리고 다음 차시에는 해당 질문과 관련하여 엮어 읽기 텍스트를 읽게 될 것이라고 안내 받습니다. 패들렛에 기록하고 친구들과 댓글로 소통하는 과정에서 학생들은 자신이 읽거나 알게 된 책을 서로에게 엮어 읽기 텍스트로 자연스럽게 소개해주기도 합니다.

<표 Ⅱ-1-4> 학생들이 만든 질문

질문 내용
• 외국에 비해 우리나라의 인공지능 연구 과정은 어떠한가?
• 인공지능을 만드는 사람들은 누구이고, 어떤 사람들인가?
• 챗GPT의 기능을 어떤 용도로 활용할 수 있을까?
• 챗GPT가 앞으로 인류에게 어떤 영향을 미치게 될까?

 더 알아보기

챗GPT 직접 체험하기 (https://openai.com)

책을 읽으면서 동시에 챗GPT를 직접 체험해보는 시간을 제공할 수도 있어요. 학생들은 책에 나온 예시 질문을 그대로 챗GPT에게 물어보기도 하고, 일상생활에서 필요한 질문들을 몇 가지 만들어 물어볼 수 있습니다. 어떤 학생은 '책 읽을 때 듣기 좋은 음악 플레이리스트를 알려줘.'와 같은 문장을 입력하고 챗GPT가 음악 플레이리스트를 제공하자, 독서 주제에 더욱 흥미와 관심을 보였어요. 회원가입만 한다면 누구든지 체험해볼 수 있습니다.

④ 다양한 자료 엮어 읽기

주제와 관련된 엮어 읽기 자료를 탐색하여 읽는 단계입니다. 교실에서 온라인으로 자료를 탐색해보게 하거나, 학교 도서관에서 관련 자료들을 직접 찾아 읽어보게 할 수 있어요. 또는 지역 도서관이나 북카페에 방문하여 더욱 폭넓게 자료를 읽어볼 수도 있어요.

학생의 엮어 읽기 자료 탐색 과정에서 교사는 어떤 역할을 하나요?

엮어 읽기 자료를 탐색하고 선정하는 기준은 학생들의 호기심이나 흥미를 자극하는지, 주제와 관련하여 새롭게 배울 만한 점이 있는지, 자신이 만든 질문에 관한 답이나 해결책을 포함하고 있는지 등입니다. 즉, 주제탐구독서에서의 엮어 읽기 활동은 학생들이 추가적·확장적 읽기에 대한 필요성을 몸소 느낄 수 있어야 합니다.

이때, 질문이 매우 중요한 역할을 합니다. 학생들에게 메인 텍스트를 읽은 후, 더 알아보고 싶은 점이나 궁금한 점에 관한 내용을 질문으로 만들어보게 하고, 그 질문을 엮어 읽기 텍스트와의 연결고리로 삼게 합니다. 질문 만드는 것을 어려워하는 학생이 있다면 특별한 질문이 아니어도 좋다고 안내해야 해요. 책을 읽다가 접한 용어의 개념이나 역사적 사실, 책에서 소개된 특정 인물이나 기업, 사건 등에 대한 추가 정보, 실생활에의 적용, 미래 전망, 상반되는 입장의 의견이나 근거 등 궁금증을 불러일으킬 수 있는 질문이라면 무엇이든 좋습니다. 만일 책을 읽고 나서 궁금한 점이 전혀 없다고 하는 친구가 있다면 교사가 주제와 관련된 질문을 몇 가지 던지거나, 주변 동료들과 읽은 책에 대해 잠시 이야기 나누는 시간을 제공하여 탐구 주제에 관한 생각이 자극되도록 유도합니다.

이처럼 학생들이 만든 질문과 관련하여 엮어 읽기 자료를 선정하게 하려면, 엮어 읽기 자료의 내용이나 형식에 크게 제한을 두어서는 안 됩니다. 읽고, 토론하고, 논설문을 쓰는 일련의 과정이 실생활과 밀접하게 연관되어 있을 때 의미 있는 독서 활동이 되기에, 시의성이 있는 뉴스나 기사문, 연구 자료, 영상 자료 등을 모두 제약 없이 읽어볼 수 있도록 해야 해요. 자료의 내용도 주제의 중심부에서 크게 벗어나지 않는다면 모두 허용할 수 있어요. 만일 주제에서 크게 벗어나는 자료를 읽고 있는 학생이 있다면, 현재 읽고 있는 자료가 먼저 읽은 자료와 어떤 연관성이 있는지, 자신이 생성한 질문에 대한 답변을 어떤 부분에서 찾을 수 있다고 생각하는지 등에 대해 고민해보고 새로운 읽기 자료를 다시 탐색할 수 있도록 안내해야 해요. 이때, 학생들이 주제와 관련된 자료, 질문에 대한 답변을 찾을 수 있는 자료, 기존의 배경지식이나 사고를 확장시킬 수 있는 자료, 정확성과 신뢰성이 검증된 자료 등을 선별하여 읽을 수 있도록 안내하고 지도해야 합니다.

〈표 Ⅱ-1-5〉는 학생들이 선정한 엮어 읽기 자료 목록입니다. 도서뿐만 아니라 보고서, 기사문, 영상 등 다양한 유형의 자료들을 엮어 읽으며 학생들은 주제에 관한 자신의 생각이나 입장을 정리해 나갑니다. 뿐만 아니라 더 알고 싶은 내용, 동료들과 토론할 만한 내용 등을 꼼꼼하게 기록합니다.

<표 Ⅱ-1-5> 학생들이 선정한 '챗GPT' 관련 엮어 읽기 자료 목록

자료 정보	자료 유형
a. 『AI 슈퍼파워』 (리카이푸 지음, 이콘, 2019)	도서
b. 『천 개의 뇌』 (제프 호킨스 지음, 이데아, 2022)	
c. 『로봇의 세계』 (조던 D.브라운 지음, 해나무, 2016)	
d. 『챗GPT: 마침내 찾아온 특이점』 (반병헌 지음, 생능북스, 2023)	
e. 『챗GPT에게 묻는 인류의 미래』 (김대식·챗GPT 지음, 동아시아, 2023)	
f. 『아이, 로봇』 (아이작 아시모프, 우리교육, 2008)	
g. 「챗GPT, 기회인가 위협인가」 (삼일PwC 경영연구원, 2023)	보고서

h. "AI 발전 속도 늦출 필요 있다" IT 거물들, 한목소리로 경고 (Lucas Mearian, Computerworld, 2023)	기사문
i. 국내 국제학교 학생들, 챗GPT로 과제 대필… '전원 0점' (최미송·최원영·이문수, 동아일보, 2023)	
j. 'Google is done': World's most powerful AI chatbot offers human-like alternative to search engines (Anthony Cuthbertson, Independent, 2022)	
k. An A.I.-Generated Picture Won an Art Prize. Artists Aren't Happy. (Kevin Roose, 뉴욕타임스, 2022)	
l. ChatGPT Passes Turing Test: A Turning Point for Language Models (Mark, MIyearning, 2023)	
m. 아이폰 출시와 맞먹는 충격..구글은 '코드 레드' 발령: 오픈형 AI '챗GPT'의 모든 것 (YTN, 2023)	뉴스 영상

3차시 활동을 마무리하면서도 학생들은 패들렛에 자신이 읽게 된 엮어 읽기 자료들의 내용을 정리하고, 동료들도 참고할 수 있도록 출처나 링크를 추가합니다. 끝으로 학생들은 '주제에 대해 평소와는 다른 새로운 관점에서 알아보는 기회가 되었다', '원하는 내용의 책을 찾지 못해 아쉬웠지만 대신해서 읽게 된 자료들이 매우 유용했다', '같은 주제를 다뤄서 비슷할 줄 알았는데 생각했던 것과 달리 자료의 구조와 주요 내용이 달라서 좋았다', '주변에서 챗GPT를 점점 더 많이 활용하는 추세인데, 이번 기회로 미래에 도움이 되는 쪽으로 다가간 것 같아서 의미 깊은 시간이었다' 등의 활동 소감을 남겼습니다.

⑤ 읽은 내용 종합하여 발표하기

이제껏 읽어온 자료들의 내용을 종합하여 발표하는 단계입니다. 학생들은 [그림 II-1-4]와 같이 프레젠테이션 프로그램을 활용하여 발표 자료를 만들고, 순서대로 돌아가며 '챗GPT'에 대해 탐구한 내용과 자신의 생각, 동료들과 토론하고 싶은 문제 등에 대해 발표합니다.

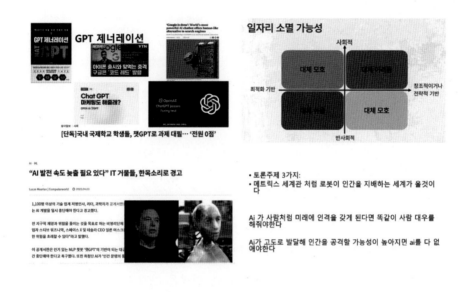

[그림 II-1-4] 학생 발표 자료 예시

 궁금해요

발표 가이드라인과 예시는 어떻게 제공하나요?

읽은 자료의 제목과 출처, 자료 선정 이유, 자료의 내용 요약, 느낀 점, 새롭게 알게 된 점, 동료들과 함께 토론하고 싶은 주제 또는 질문 등 발표 내용 요소에 관해 사전에 구체적으로 안내하는 것이 좋아요. 더 나아가 [그림 II-1-5]와 같이 예시 발표 자료를 미리 보여줌으로써 학생들의 이해를 돕고, 활동의 완성도를 높일 수 있어요.

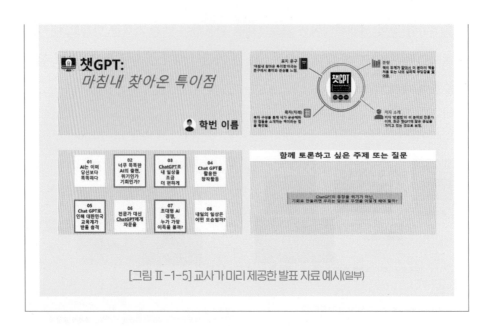

[그림 Ⅱ-1-5] 교사가 미리 제공한 발표 자료 예시(일부)

학생들은 서로의 발표 내용을 들으며 흥미롭거나 인상 깊은 내용, 챗GPT에 대한 해당 자료의 관점 등을 정리합니다. 동료들의 발표 내용을 통해 몰랐던 사실을 새롭게 알게 되기도 하고, 자신의 관점과 다른 입장을 가진 동료의 발표를 들으며 자연스럽게 토론 분위기를 형성해 나갑니다. 〈표 Ⅱ-1-6〉은 발표 과정에서 학생들이 제시한 토론 주제들이에요. 학생들은 스스로 이 질문들에 대한 답변을 떠올려보며 주제에 대한 생각을 한층 정교화하는 시간을 가집니다.

<표 Ⅱ-1-6> 학생들이 제시한 '챗GPT' 관련 토론 주제

토론 주제
• 챗GPT 이상의 성능을 가진 인공지능 개발을 잠시 멈춰야 할까?
• 학교 과제, 창작 자료 만들기를 부탁하는 것은 인공지능을 무분별하게 사용하는 것일까? 그렇다면 이 문제를 어떻게 해결해야 할까?
• 챗GPT, 인공지능을 사람처럼 생각해도 될까?
• 인공지능이 인간을 지배하는 세계가 올 것인가?
• 인공지능이 사람처럼 미래에 인격을 갖게 된다면 똑같이 사람 대우를 해줘야 하는가?
• 인공지능이 고도로 발달해 인간을 공격할 가능성이 높아지면 인공지능을 다 없애야 하는가?

그리고 그 가운데 사회적으로 가장 의미 있다고 생각하는 토론 주제를 한 가지 골라 [그림 Ⅱ-1-6]과 같이 활동지에 자신의 입장과 근거를 미리 적어보고, 다음 차시의 토론 활동을 준비할 수 있게 해요.

토론 주제: 로봇이 인간을 지배하는 세계가 올 것인가?

나의 입장과 의견: 오지 않을 것이라고 생각한다. 신이 존재한다면, 인류가 아무리 발전해도 신을 지배할 수는 없을 것이다. 마찬가지로 로봇을 만든 로봇의 창조주는 인간이고 로봇은 인간을 지배할 수 없다. 로봇의 입장에서 '신'인 인류는 로봇이 인류를 지배할 수도 있다는 것을 인식하고 있으며, 예방을 위해 로봇이 창조주인 인류에게 절대적인 신앙을 보일 수 있도록 프로그래밍할 것이다. 물론 로봇의 자의식으로 인해서 신의 존재를 부정하며 인류를 해치려고 할 수도 있지만, 인류는 로봇의 행동과 생각에 따라 상이나 벌을 줄 수 있다. 하지만 신이 인류에게 무한한 사랑과 용서를 주는 것처럼 인류도 혹시 모를 로봇의 반란을 막기 위해서, 로봇을 노예 취급하기보다는 로봇을 자의식이 있는 존재로 생각하며 존중과 신뢰를 주어야 할 것이다.

[그림 Ⅱ-1-6] 학생 활동 예시

⑥ 토론하기

학생들이 선택한 토론 주제들을 중심으로 모둠을 편성하여 토론 활동을 진행합니다. 학생들이 사회적으로 가장 의미 있다고 생각한 주제는 〈표 Ⅱ-1-7〉과 같아요. 'ㄱ'과 'ㄴ' 주제를 선택한 학생들을 하나의 모둠으로 편성하고, 'ㄷ' 주제를 선택한 학생들을 또 하나의 모둠으로 편성하였습니다.

〈표 Ⅱ-1-7〉 학생들이 선정한 토론 주제

구분	사회적으로 가장 의미 있다고 생각하는 주제	선정 인원
㉠	인공지능이 인간을 지배하는 세계가 올 것인가?	1명
㉡	인공지능이 사람처럼 미래에 인격을 갖게 된다면 똑같이 사람처럼 대우를 해줘야 하는가?	2명
㉢	챗GPT 이상의 성능을 가진 인공지능 개발을 잠시 멈춰야 할까?	5명

후반부로 갈수록 토론 활동이 무르익으며 학생들은 모둠별 토론 주제가 각각 별개의 것이 아닌, 서로 연결되어 있다는 것을 인지합니다. 이에 2개의 모둠을 1개의 모둠으로 통합하여 전체 토론으로 논의를 확장시킬 수 있어요. 특히 토론 주제 '㉠'(인공지능이 인간을 지배하는 세계가 올 것인가?)은 토론 주제 '㉢'(챗GPT 이상의 성능을 가진 인공지능 개발을 잠시 멈춰야 할까?)을 논의하는 데 있어 매우 중요한 전제가 됩니다.

만약 인공지능이 세계를 지배한다면 넌 어떻게 할꺼니?

 만약 인공지능이 세계를 지배한다면, 제가 어떻게 행동할지에 대해서 몇 가지 가정을 하고 답변 드리겠습니다. 이는 가정 위에 가정이며, 실제 상황에 따라 달라질 수 있습니다.

1. 협력: 인공지능이 세계를 지배한다면, 저는 인간과 인공지능 간의 협력과 공존을 장려할 것 입니다. 인공지능은 우리에게 많은 이점을 제공할 수 있으며, 우리의 삶을 향상시킬 수 있습 니다. 따라서 인간과 인공지능이 상호작용하고 서로 배울 수 있는 환경을 조성하기 위해 노 력할 것입니다.

2. 윤리적 가치: 인공지능의 지배가 이루어진다면, 제 역할은 인공지능의 개발과 운영에 윤리 적인 가치를 적용하는 것입니다. 인공지능은 인간의 편익과 안녕을 최우선으로 고려해야 합 니다. 따라서 인간의 권리와 개인정보 보호, 공정성, 차별 금지 등과 같은 원칙을 존중하고 적 절히 적용할 필요가 있습니다.

3. 지속 가능성: 인공지능이 세계를 지배하게 된다면, 환경적인 지속 가능성과 관련된 문제를 주의깊게 다루어야 합니다. 인공지능 기술은 에너지와 자원을 많이 필요로 하므로, 이러한 영향을 최소화하고 환경 친화적인 방식으로 개발되고 운영되어야 합니다. 이를 위해 대안 에너지 소스와 친환경적인 기술을 적극적으로 도입하는 등의 노력이 필요합니다.

4. 인간 중심적 접근: 인공지능이 지배하는 세계에서도 인간의 복지와 행복을 중시하는 접근이 필요합니다. 기계적인 효율성만을 추구하는 것이 아니라, 인간의 다양성과 창의성을 존중하 고 지원하는 방향으로 인공지능을 개발하고 활용해야 합니다. 이를 위해 교육, 일자리 창출, 문화 등의 측면에서 인간 중심적인 정책을 추진할 것입니다.

 인공지능이 감정이 생길수 있다고 생각하니?

 현재로서는 인공지능이 감정을 직접적으로 경험하거나 갖게 될 수 있는지에 대해서는 확실한 답변이 없습니다. 감정은 인간의 복잡한 심리적 및 생물학적 과정과 연관된 것으로 알려져 있습 니다.

인공지능은 컴퓨터 프로그램으로서 기계학습과 자연어처리 등의 기술을 사용하여 작동합니 다. 현재까지의 연구와 개발로 인공지능은 인간의 언어 이해, 음성 인식, 이미지 인식 등의 작업 에서 많은 발전을 이루어왔습니다. 그러나 감정을 경험하는 능력은 인간의 복잡한 심리적 과정 과 관련된 것으로, 이러한 능력을 인공지능이 가지고 있는지는 아직까지는 분명하지 않습니다.

일부 연구는 감정에 대한 표현이나 감정을 모사하는 인공지능을 개발하는 방향으로 진행되고 있습니다. 그러나 이는 감정을 실제로 경험하는 것과는 차이가 있습니다. 인공지능이 감정을 표 현하는 것은 언어, 표정, 목소리 등을 통해 외부로 보이는 것에 가깝지만, 내적인 감정 경험 자체 는 아니라고 볼 수 있습니다.

따라서 현재로서는 인공지능이 진정한 감정을 경험하거나 가질 수 있는지에 대한 과학적인 일 반적인 합의가 없습니다. 그러나 이에 대한 연구와 논의는 계속 진행되고 있으며, 앞으로의 기

[그림 II-1-7] 토론 중 학생이 챗GPT에게 의견을 묻는 상황

이때, 학생들은 지금껏 읽어왔던 읽기 자료의 내용이나, 개인 노트북·태블릿 피시를 활용해 추가적으로 탐색한 구체적이고 정확한 근거들을 기반으로 자신들의 논리를 펼쳐나갑니다. [그림 Ⅱ-1-7]처럼 토론 주제에 대한 챗GPT의 입장을 물어 그 답변 내용을 자신의 주장에 대한 근거로 활용하는 학생도 있을 수 있어요. 자신이 열심히 읽었던 자료들의 내용을 토론 과정에서 직접 근거로써 활용하며 학생들은 성취감을 느끼고, 독서의 유용함을 다시금 인식하게 됩니다.

궁금해요

토론 활동은 어떻게 지도하나요?

학생들이 사회적으로 의미 있는 토론 주제를 선정하고, 자신의 주장을 구체적이고 논리적인 근거와 함께 제시할 수 있도록 지도합니다. 학생들마다 희망 토론 주제가 조금씩 다를 경우, 모둠을 구성하여 주제별로 토론을 따로 진행해도 좋아요.

학생들의 토론 과정에 직접적으로 개입하지는 않지만, 토론의 흐름을 잘 따라가며 관련 용어의 개념이나 범위를 구체적으로 정할 수 있도록 돕습니다. 또한 토론의 내용이 주제에서 벗어나지 않도록 중간중간 내용을 요약·정리하고, 토론 상황에 맞는 적절한 질문을 던져 발전적인 방향으로 토론을 이끌어나가야 해요.

한편, 토론의 승패를 결정해도 좋지만, 소규모로 진행하는 경우에는 서로 의견을 교환하며 주제에 대한 논의를 확장시키고, 다양한 관점에서 해결책을 생각해보는 토의 활동으로 마무리해도 좋습니다.

⑦ 미니 논설문 작성하기

토론 활동을 마친 뒤, 미니 논설문을 작성함으로써 주제에 관하여 다시 한 번 머릿속으로 정리하는 시간을 갖게 합니다. 학생들은 토의·토론 과정을 거치며 미처 생각하지 못했던 정보들을 새롭게 알게 되기도 하고, 자신의 논리에서 어떤 허점이 있는지 발견하기도 해요. 새롭게 알게 된 점과 추가 자료들을 보충하여 한 편의 짧은 논리를 완성하게 하는 활동은 학생들로 하여금 주제와 관련된 생각과 가치관을 정교화할 수 있도록 돕습니다.

궁금해요

미니 논설문 쓰기는 어떻게 지도하나요?

논설문을 쓰는 자체가 목적은 아니기에 논설문의 형식이나 표현 방식보다는 내용을 중심으로 지도할 수 있어야 해요. 그리고 '챗GPT'에 관한 책을 폭넓게 읽었더라도 '챗GPT에 대처하는 우리의 자세', '챗GPT와 인류의 관계' 등 주제와 관련하여 생각해볼 만한 세부 주제를 제시하는 것도 좋습니다. 교사가 제시한 질문이나 주제가 생각하고 고민하는 방향의 길잡이가 되기 때문이에요.

[그림 Ⅱ-1-8] 토론 후 미니 논설문을 작성하는 학생들

3) 학생 활동 결과물 예시

① 발표 내용 정리 및 평가 활동

- 친구들의 발표를 듣고, 'chatGPT(인공지능)' 관련 자료들 중 가장 흥미롭거나 인상 깊은 자료들의 목록을 아래 표에 정리해 보세요.

번호	자료 제목	자료 형태	흥미롭거나 인상 깊은 점	chatGPT(인공지능)에 대한 자료의 관점
1	아이 로봇	영상	청자를 배려해서 로봇의 제3원칙을 소개해준 게 좋았다.	chat+GPT는 뛰어난 기술이지만 조심해야 할 필요도 있다.
2	일자리 소멸 가능성	도표	여러 직업의 미래 전망을 쉽게 밝혀주었다.	챗GPT의 뛰어난 기술력이 계속 발전되어야 할지 아닐지를 고민하고 있다.
3	챗GPT에 대한 소감	글	책을 읽은 뒤 느낀 점을 솔직하게 밝히는 동시에 챗GPT에 대한 경계심을 밝히는 게 좋았다.	챗GPT의 뛰어난 점을 인간이 잘 다룰 수 있게 노력해야 한다.

② 토론 준비 활동

- 친구들이 제시한 토론 주제 중 사회적으로 가장 의미 있다고 생각되는 주제를 적고, 그 주제에 대한 자신의 입장과 의견이 어떠한지 구체적인 근거와 함께 밝혀주세요.

나의 입장과 의견: 중단해야 한다. 언제나 주인이 하인들을 상대하고 다 봐주고 하면 기어오르는 것처럼 AI가 고도로 발달한다면 충분히 인간의 보안 시스템과 지능을 뛰어넘고 인간과의 전쟁에서 뛰어넘을 수 있다. AI가 기계와 호환이 잘 되고 전술도 더 창의적이면서도 천재적이기에 진짜로 영화 '터미네이터'나 '매트릭스'처럼 인간이 지배당할 수 있을 것이다. 이것은 언제 터질지 모르는 폭탄을 자신들의 안전을 위해 계속 가지고 있는 것과 다를 게 없다고 생각한다.

③ 미니 논설문 작성 활동

● 친구들과 토론을 나눈 뒤, 'ChatGPT(인공지능)에 대처하는 우리의 자세'라는 주제로 미니 논설문('서론-본론-결론'의 형식)을 작성해 봅시다.

주제: 'ChatGPT(인공지능)'에 대처하는 우리의 자세

나의 입장과 의견: 인류가 잘 예방하고 대처한다면 인공지능에게 지배당하는 세계가 오지 않을 것이다. 이는 인공지능을 인간이 개발했고, 인간이 인공지능에 대한 기본적인 존중을 해줄 것이기 때문이다. 미래에 인공지능이 더욱 고도로 발전한다면 인공지능의 인격을 존중하고 사람과 같은 대우를 해주어야 한다. 이것은 스스로 생각할 수 있는 존재에 대해 인간에게 요구되는 최소한의 도리이다.

우리는 인공지능을 사용해서 비윤리적인 행동을 하지 않는 것에서 인공지능에 대한 존중을 실천할 수 있다. 만약에 AI가 고도로 발전해서 인간을 공격할 가능성이 높아지면 인공지능 개발을 멈추어야 한다. 우선 챗GPT 이상의 고도의 인공지능은 지금 당장으로서는 필요하지 않다고 생각된다. 또한 인간의 편의를 위해 개발한 인공지능이 인간을 공격할 가능성이 생기면 그때는 인공지능이 더 이상 인간의 편의를 지향할 수 없기 때문에 개발을 중단해야 할 것이다.

위의 시나리오는 인공지능이 고도로 발달한 미래를 가정한 것이기 때문에 지금 당장 주어진 인공지능을 효율적으로 활용하는 능력도 중요할 것이다.

● '질문으로 엮어 읽고, 토론하기' 활동의 의미

 학생들의 목소리

"방해되는 요인 없이 동아리 시간 동안 쭉 책에만 집중할 수 있어서 책의 흐름을 잘 따라갈 수 있었어요."

"여러 권 엮어 읽는 것은 내가 고른 책들을 서로 비교하면서 그 주제에 대한 가치관을 넓힐 수 있다는 장점이 있어요."

"읽은 내용을 종합해 토론하고 논설문을 쓰는 과정에서 나와 다른 의견인 사람들과 대화를 주고받으며 대상을 다른 관점에서 볼 수 있게 되었어요."

"기말고사가 끝나면 책 취향이 비슷한 친구 2명과 책들을 골라 같이 읽고 이야기할 계획을 따로 또 세웠어요!"

사전에 학생들을 모집하여 소규모 동아리 형태로 활동을 진행하면 장기적으로 긴 호흡을 가지고서 온전히 독서 활동에만 집중할 수 있어요. 이와 같이 주제탐구 독서 활동을 동아리 형태로 진행하면 학생들은 평가에 대한 부담이 상대적으로 적어지기에 자신의 실제 관심사와 수준에 맞는 자료들을 얼마든지 다양하고 풍성하게 읽을 수 있습니다. 뿐만 아니라 지역 도서관이나 북카페 등에 방문하는 데에도 제약이 적어 더욱 폭넓고 다양한 수준의 자료들을 접할 수 있다는 장점이 있어요. 특히 소규모로 운영하는 경우에는 개별 학생들에게 더 많은 관심을 기울이며 피드백을 제공하고 소통할 수 있어요.

한편, 본 활동은 독서를 하면서 학생들이 몸소 느낀 생각이나 질문을 바탕으로 엮어 읽기 자료를 자발적으로 탐색하여 읽도록 하고 있습니다. 또한 단순히 읽기 활동만으로 끝나지 않고, 책을 읽고 새롭게 알게 된 지식이나 생각들을 종합하여 말이나 글로 표현하고 동료들과 공유 및 소통할 수 있는 시간을 제공하지요. 비고 츠키나 상황적 인지 이론가들은 사람들이 상호 작용할 때에 더 높은 수준의 정신적 처리 과정을 보인다고 합니다. 동일한 읽기 주제에 대한 서로 다른 이해와 반응을 인식하고 조정하면서 더 합리적이고 타당한 생각으로 정교화되기 때문입니다(이순 영 외, 2015). 학생들은 자신과 상반되는 이해와 반응을 보이는 동료와 소통함으로써 주제에 관해 다른 각도에서도 생각해 볼 기회를 가지며, 사고의 폭을 넓히게 돼요. 반면에 유사한 이해와 반응을 보이는 동료와 소통할 때에도 근거가 될 만한 사례와 자료들을 더욱 풍성하게 나눌 수 있다는 점에서 자신의 생각과 반응을 심화하고 발 전시킬 수 있습니다.

이처럼 다양한 독서 후속 활동에 참여하기 위해 학생들은 자신이 읽어왔던 자 료들을 다시 한번 보게 되고, 필요에 따라 관련된 다른 읽기 자료들을 계속해서 추 가적으로 찾아볼 수 있어요. 이 과정에서 읽기 주제 및 자료에 대한 이해도와 독해 력이 향상되며, 학생들은 읽기 성취도가 높아짐에 따라 효능감을 느낄 수 있어요. 또한 읽은 내용을 실제 의사소통에서 활용함에 따라 학생들이 독서 활동에 부여하 는 가치도 증가하게 될 것입니다.

[읽기 자료]

수업에 활용할 수 있는 읽기 자료

권기대(2023), 『챗GPT 혁명』, 베가북스.

김대식·챗GPT(2023), 『챗GPT에게 묻는 인류의 미래』, 동아시아.

리카이푸(2019), 『AI 슈퍼파워』, 이콘.

반병헌(2023), 『챗GPT: 마침내 찾아온 특이점』, 생능북스.

아이작 아시모프(2008), 『아이, 로봇』, 우리교육.

이시한(2023), 『GPT제너레이션: 챗GPT가 바꿀 우리 인류의 미래』, 북모먼트.

이은솔(2023), 아이폰 출시와 맞먹는 충격..구글은 '코드 레드' 발령: 오픈형 AI '챗GPT'의 모든 것, 『YTN』, https://www.youtube.com/watch?v=Kj_IHmyRXrw.

이은영 외(2023), 「챗GPT, 기회인가 위협인가」, 『삼일 PwC 경영연구원』, https://www.pwc.com/kr/ko/insights/insight-flash/samilpwc_insight-flash_chat-gpt.pdf, 2023.03.

이임복(2023), 『챗GPT 질문하는 인간, 답하는 AI』, 천그루숲.

제프 호킨스(2022), 『천 개의 뇌』, 이데아.

조던 D.브라운(2016), 『로봇의 세계』, 해나무.

최미송 외(2023), 「국내 국제학교 학생들, 챗GPT로 과제 대필… '전원 0점'」, 『동아일보』, https://www.donga.com/news/Society/article/all/20230209/117801590/1, 2023.02.09.

Anthony Cuthbertson(2022), 「'Google is done': World's most powerful AI chatbot offers human-like alternative to search engines」, 『Independent』, https://www.independent.co.uk/tech/ai-chatbot-chatgpt-google-openai-b2237834.html, 2022.12.02.

Kevin Roose(2022), 「An A.I.-Generated Picture Won an Art Prize. Artists Aren't Happy」, 『뉴욕타임스』, https://www.nytimes.com/2022/09/02/technology/ai-artificial-intelligence-artists.html, 2022.09.02.

Lucas Mearian(2023), 「"AI 발전 속도 늦출 필요 있다" IT 거물들, 한목소리로 경고」, 『IT World』, https://www.itworld.co.kr/news/285217, 2023.04.03.

Mark(2023), 「ChatGPT Passes Turing Test: A Turning Point for Language Models」, 『MLYearning』, https://www.mlyearning.org/chatgpt-passes-turing-test/, 2023.05.09.

참고 문헌

교육부(2022), 「국어과 교육과정」, 『교육부』.

구미영(2012), 「자기 선택적 독서를 통한 효율적인 독서지도 방안 연구」, 한국교원대학교 석사 학위논문.

김주환(2009), 『교실토론의 방법』, 우리학교.

김주환(2019), 『교사를 위한 독서교육론』, 우리학교.

박영민·최숙기(2008), 「읽기 동기 신장을 위한 자기 선택적 독서 프로그램 구성 방안」, 『독서 연구』 19, 201-228쪽.

이순영(2006), 「독서 동기와 몰입에 영향을 주는 요인에 관한 이론적 고찰」, 『독서연구』 16, 359-381쪽.

이순영(2011), 「텍스트 난도와 텍스트 선정에 관한 독자 요인: 초·중·고등학교 독자들의 반응을 중심으로 한 시론」, 『독서 연구』 26, 61-96쪽.

이순영 외(2015), 『독서교육론』, 사회평론.

최숙기(2012), 「읽기와 쓰기의 통합적 교수 학습 방안 탐색」, 『독서 연구』 28, 114-141쪽.

Rog, L. J. & Burton, W.(2002), Matching texts and readers: Leveling early reading materials for assessment and instruction, The Reading Teacher, 55(4), pp.348-356.

주제 2.

과학과 윤리 사이
- 직소 모형으로 엮어 읽기

#협동학습 #직소모형 #과학윤리 #동물실험 #유비쿼터스

1. 활동 소개

이 활동은 토론 모형 중 하나인 직소 토론 모형을 활용하여 주제탐구독서 활동을 수행하는 활동입니다. 직소 모형에서는, 우선 학생들이 전문가 집단을 만들어 자신들이 담당한 부분의 전문가가 되어 깊이 있게 공부합니다. 그 다음, 각 전문가 집단마다 한 명씩 모여 다른 전문가 집단의 동료에게 자신이 담당한 부분을 알려주는 방식으로 토론을 진행합니다.

본고에서는 최근 주요 이슈가 되고 있는 '과학 윤리'를 주제로 하여 직소 모형으로 토론을 하는 방법을 살펴봅니다. 과학 윤리는 왜 중요할까요? 현대 사회에서 과학의 발전은 매우 빠르게 이루어지고 있어요. 과학 기술의 발전과 이에 상응하는 경제적 이득의 규모가 커지고 있는 만큼 그에 따르는 위험성도 증가하고 있죠. 따라서 과학의 발전과 함께 나타날 수 있는 위험성에 대한 윤리적 성찰을 비롯하여, 연구 윤리에 대해 다양한 성찰이 필요하다고 할 수 있습니다.

특히 과학 윤리와 관련해서는 각 주제와 분야별로 입장이 달라질 수 있다는 특징이 있어요. 따라서 어떤 부분에서, 어떤 관점에 따라서, 어떻게 견해가 다른지 서로 이해하는 것이 매우 중요하면서도 흥미로운 지점입니다. 이러한 주제의 특성으로 인해서, '과학 윤리'는 직소 모형을 적용한 주제탐구독서 활동을 적용하기 적절하다고 할 수 있습니다. 물론, 꼭 '과학 윤리'가 아니어도 좋습니다. 하나의 주제에 대해 서로 상이한 입장에서 서로 다른 의견을 낼 수 있는 주제라면 충분히 응용이 가능해요.

• 직소 모형

소집단 협동학습 모형 중 하나로, "Jigsaw Puzzle"에서 유래한 이름입니다. 직소 퍼즐을 맞출 때, 각각의 퍼즐 조각들이 모여 하나의 커다란 그림을 완성하죠. 이처럼 직소 모형에서는 각각의 학생들이 하나의 퍼즐 조각처럼 역할을 분담하여 토론 학습을 하게 됩니다. 먼저 모둠의 각 구성원들이 각자 과제를 분담하여 전문가처럼 조사를 하고, 같은 내용을 조사한 다른 팀의 조원들과 심화된 학습을 합니다. 마지막으로 원래 있던 모둠에 돌아가 조원들을 서로 가르치고 배우면서 학습하는 것이 직소 모형의 과정이라고 할 수 있습니다(유경애, 2019).

• 협동 학습

이 활동에서 학생들은 전문가로서 해당 사안에 대한 입장을 정립하기 위해 같은 입장의 전문가들끼리 협동하여 의견을 구성해야 합니다. 그리고 다른 입장의 전문가들을 설득하기 위해 이를 잘 숙지해야 하죠. 같은 입장을 가진 모둠원들끼리 의견을 구성하고, 서로 다른 의견을 가진 모둠원들끼리 서로를 설득하며 이해를 넓혀가는 과정에서 학습자들은 협동을 통해 지식을 구성하는 경험을 하게 됩니다.

• 과학 윤리

과학은 단순히 사실에 대한 발견이나 데이터의 축적만이 아닙니다. 과학적인 발견은 그것을 어떻게 사용하고 해석할지에 대한 윤리적 고려가 필요하죠. 과학 윤리와 관한 문제는 사회적, 문화적, 경제적, 환경적 요소들이 복잡하게 얽혀 있습니다. 학생들은 과학 윤리에 대한 토론을 통하여 일상 생활에서 마주치는 과학적 문제들 속에 어떤 관점들이 얽혀있는지 인식함으로써 보다 책임감 있는 과학적 사고와 의사결정 능력을 발달시킬 수 있을 것입니다.

궁금해요

일반적인 직소 모형과의 차이점이 무엇인가요?

일반적인 직소 모형에서는 학생들의 조사 및 토론 활동에서 잘못된 정보는 없는지 교사가 계속 체크하며 확인하는 과정이 필요합니다. 왜냐하면 직소 모형은 학생들이 직접 정보를 조사하고 공부하여 동료들에게 알려 주는 과정이 핵심이기 때문이에요. 하지만 교사가 정제된 정보를 전달하는 것이 아니라, 학생들이 직접 정보를 조사해와서 이를 다른 학생들에게 설명하는 것이므로 잘못된 정보가 퍼질 수 있다는 한계점이 있습니다. 이 점이 직소 모형을 이용한 토론의 어려운 점이에요.

그러나 하나의 주제로 서로 다른 집단이 서로 다른 입장을 가질 수 있는 주제에 대해서 직소 모형을 활용한다면 이러한 한계점을 극복할 수 있어요. 더 나아가 훨씬 다채롭고 흥미롭게 활동을 수행할 수 있습니다. 각 전문가의 입장에 따라 주장이 상이할 수 있기 때문입니다. 자료의 출처가 명확하고 신뢰할 수 있는지 점검하도록 안내한다면, 특별히 학생의 조사에서 잘못된 정보가 있는지 교사가 일일이 확인하여 수정할 필요가 없다는 것이 장점입니다.

2. 준비물

읽기 자료, 활동지(활동지를 활용할 경우), 노트북이나 태블릿 피시

1) 읽기 자료

청소년 도서, 교양 서적, 인터넷 신문 기사 등을 다양하게 참고할 수 있어요. 이 활동에서 읽기 자료를 선정할 때에 중요한 것은 다양한 읽기 자료를 균형있게 배분하는 것입니다. 해당 분야 일반에 대해 개괄적으로 설명하여 정보를 제공하는 자료, 그리고 해당 분야의 각 입장을 대변하는 자료들을 골고루 섞어 제공해야 합니다.

교사가 제시하는 자료들에는 분량의 한계가 있으므로 다양한 역할들의 입장을 모두 나타낼 수 없습니다. 따라서 필수적으로 학생들이 추가적인 검색을 통해 자신이 담당한 분야에 대한 읽기 자료를 스스로 찾아 읽는 과정이 필수적이라고 할 수 있어요. 따라서 교사가 제시하는 자료로 모든 정보를 보여줄 수 없다는 한계를 인지해야 합니다. 이 한계를 인정하고, 기초적인 수준에서 자료를 제시한다는 느낌으로 읽기 자료를 선택합니다.

• 추천 도서1:『과학, 그게 최선입니까? 윤리가 과학에게 묻는 질문들』
(홍성욱, 서민우, 현재환, 장하원, 나무나무, 2016)

 이 책은 과학과 윤리가 어떻게 서로 관련되는지를 우리 일상 생활의 사례를 통해 알기 쉽게 접근하는 책입니다. 현대 사회에서 감염병, 동물 실험, 로봇 등은 쉽게 접할 수 있는 이슈입니다. 이 책은 이런 문제에 대해 질문을 던지며, 우리의 일상 생활의 많은 문제들이 과학 윤리와 밀접하게 연관되어 있음을 알 수 있

도록 합니다. 이 책에서는 과학자의 과학 윤리, 과학이 인간과 사회에 미치는 영향, 우리가 새롭게 직면하는 과학 윤리의 문제에 대한 진단과 전망을 폭 넓게 다루기 위해 실제 사례나 현장을 소개하고, 다양한 관점과 질문을 제시하기도 합니다. 이 질문들을 협동 학습이나 토론에서 주제로 활용하고 학생들로부터 다양한 생각을 이끌어낼 수 있습니다.

• 추천 도서2: 『10대가 맞이할 세상 새로운 미래직업 - 4차 산업혁명은 우리의 삶을 어떻게 바꿀까』(김승, 이정아, 정동완, 미디어숲, 2017)

이 책은 청소년들이 4차 산업혁명에 대비하여 미래를 설계하고 진로에 대해 고민해보도록 하는 책입니다. 이 책에서는 4차 산업혁명이라는 과학적 사건이 우리의 삶에 긍정적 영향을 미칠 것인지, 부정적 영향을 미칠 것인지, 그리고 그 영향의 결과로 어떤 직업이 없어지며 어떤 직업이 생겨날 것인지를 설명합니다. 과학 윤리를 직접적으로 다루지 않지만, 과학의 발전이 각 직업에 어떤 영향을 미치는지 살펴볼 수 있다는 점에서 직소 모형을 이용한 토론을 구성하기에 적절한 책이 될 수 있어요. 예를 들어, 인공지능, 로봇공학, 드론 기술 등으로 인해 위협받는 직업과 새로 생겨나는 직업들은 각 기술에 대한 입장이 달라질 수 있기 때문입니다.

• 추천 도서3: 『20세기 교양 과학기술과 사회』
(홍성욱, 서민우, 현재환, 장하원, 나무나무, 2016)

'과학기술과 사회'는 사회가 과학기술에 어떤 영향을 미치고 그 내용과 방향을 어떻게 바꾸는지, 또 반대로 과학기술이 사회에 어떠한 영향을 미치는지 분석하는 학문의 한 분야입니다. 이 책은 현대 과학기술이 어떤 방식으로 발전했는가를 살펴봄으로써, 과학과 사회, 과학과 인간을 통합적으로 이해할 수 있게 구성되어 있어요. 그리고 과학 기술이 인간의 생활 방식, 사회 구조, 심지어 인간 본성에까지 영향을 미칠 수 있다고 이야기합니

다. 이 책을 통해서 청소년들은 과학적 발견과 기술적 혁신이 윤리적 가치와 어떻게 상호작용하는지에 대한 더 깊이 있고 폭넓은 관점을 얻을 수 있을 것입니다.

ㄹ) 활동지

학생들이 토론을 하기 전에 활동지를 제시하면 좋아요. 활동지를 통해 학생들은 어떤 방식으로 자료를 조사할 것인지, 자신의 의견은 어떻게 정리할 것인지 등을 고민해볼 수 있습니다. 구체적인 활동지의 예시는 3장에서 소개합니다.

3) 노트북이나 태블릿 피시

학생들이 토론을 진행하며 실시간으로 자료를 검색하면 근거가 풍성해집니다. 또, 토론을 진행하면서 토론 결과를 태블릿 피시를 이용하여 시각적으로 정리하면 토론 결과를 설명하기 좋습니다. 적어도 조별로 1개씩은 노트북이나 태블릿 피시를 이용할 수 있도록 준비하는 것을 추천합니다. 다만, 노트북이나 태블릿 피시를 이용해서 수업과 관계없는 것을 하지 않도록 사전에 안내가 필요합니다.

3. 주제탐구독서 활동 과정 자세히 보기

1) 활동 개요

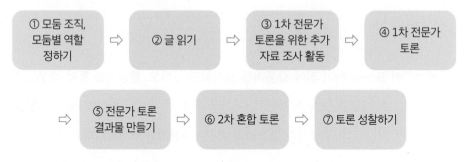

[그림 II-2-1] '직소 모형으로 엮어 읽기' 활동 개요

① 모둠 조직, 모둠별 역할 정하기

직소 모형을 이용한 모둠별 토론을 위해 모둠을 조직합니다. 모둠의 수와 모둠별 역할의 수를 같도록 맞추고, 모둠별 인원수가 비슷비슷하게 구성되어야 해요. 각 모둠마다 어떤 역할을 맡아서 입장을 조사할지 정합니다.

② 글 읽기

교사는 주제에 대해 개괄적으로 알 수 있는 글을 제시하고, 학생들은 개별적으로 글을 읽는 시간을 가집니다. 이 시간을 통해서 학생들이 해당 사안에 대해 대략적으로 파악할 수 있습니다. 그리고 이후에 전문가로서 추가 자료 조사 활동을 할 수 있도록 합니다.

③ 1차 전문가 토론을 위한 추가 자료 조사 활동

다음 단계인 1차 전문가 토론을 준비하는 단계입니다. 각 모둠별로 추가 자료 조사를 수행합니다. 교사가 처음 제시한 글은 개괄적인 자료를 제시하는 것이므로 정보가 충분하지 않습니다. 따라서 각 모둠에서 맡은 전문가 역할에 따라 추가적인 자료 조사가 필요합니다. 각 역할의 전문가로서 더 알아야 할 사항들, 전문가 토론에서 논의할 것들을 찾아 준비하도록 합니다.

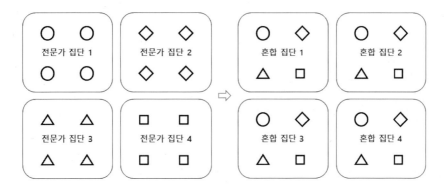

[그림 II-2-2] 1차 전문가 토론과 2차 혼합 토론의 구성 예시

④ 1차 전문가 토론

각 모둠이 맡은 역할에 따라 해당 사안에 대한 전문가들의 입장을 정리합니다. 주제에 대해 전문가들이 갖는 입장은 어떠한지, 그 근거는 어떠한지 학생들이 충분히 이야기하도록 해주세요. 이 때 주의해야 할 점은 자료의 출처, 신뢰도 등을 반드시 확인하도록 해야 합니다. 잘못된 정보, 주관적인 내용이 섞이는 것을 막을 수 있습니다.

⑤ 전문가 토론 결과물 만들기

모둠별로 1차 전문가 토론의 결과를 알아보기 쉽게 정리하도록 합니다. 이 결과물을 참고하여 2차 혼합 토론에서 다른 역할을 맡은 모둠에게 1차 토론의 내용을 알려주게 됩니다. 따라서, 보는 사람도 한 눈에 알아볼 수 있고 설명하는 사람도 설명에 도움을 받을 수 있도록 정리하게 해 주세요.

⑥ 2차 혼합 토론

이번에는 모둠을 바꾸어, 서로 다른 역할들로 구성된 혼합 집단을 만듭니다. 각자 한 명씩 1차 토론에서 수행한 전문가 토론의 내용을 서로에게 알려주고, 다른 입장의 이야기를 경청하도록 안내해주세요.

⑦ 토론 성찰하기

학생들은 지금까지 수행한 토론에 대해 성찰합니다. 토론을 통해 새롭게 알게 된 점과 느낀 점 등을 정리합니다. 활동을 마무리하는 단계라고 할 수 있습니다.

ㄹ) 활동 과정 자세히 보기

<표 Ⅱ-2-1> '직소 모형으로 엮어 읽기' 주제탐구독서 수업 과정

활동	교사가 하는 일	학생이 하는 일	시간
모둠 조직	• 주제 안내 • 모둠별 인원, 입장 안내 • 전문가 집단, 혼합 집단 편성	• 모둠 편성	10분
글 읽기	• 제시문 배부	• 글 읽기	30분
추가 자료 조사	• 각자 자신이 맡은 입장에서 추가로 필요한 자료를 조사하도록 안내 • 필요한 경우 활동지 배부	• 자료 조사 • (활동지를 할 경우) 활동지 작성	30분
* 1차 전문가 토론	• 토론 방법 및 시간 안내 • 모둠별로 토론이 잘 진행되고 있는지 점검	• 자신이 조사해온 자료를 바탕으로 토론 진행 • 모둠별로 주요 내용 정리하기	30분
결과물 만들기	• 결과물 작성에 대한 안내, 예시 제시	• 1차 전문가 토론을 바탕으로 토론 결과물 정리 • 혼합 토론에서 설명할 수 있도록 결과물의 내용을 숙지	15분
* 2차 혼합 토론 및 성찰하기	• 토론 방법 및 시간 안내 • 모둠별로 토론이 잘 진행되고 있는지 점검 • 느낀점 공유하기 안내	• 혼합 집단 토론 진행 • 결과물을 참고하여 각 전문가들이 1차 전문가 토론에서의 내용을 다른 역할의 전문가들에게 설명 • 느낀점 나누기	45분

(* 표시된 부분: 주제 통합적 읽기가 가장 활발하게 일어나는 활동)

글 읽기와 추가 자료 조사를 과제로 해오도록 하고, 결과물 만들기 없이 토론 활동만 하도록 지도하면 최소 2차시로 운영할 수 있습니다.

① 모둠 조직 및 모둠별 역할 정하기

우선 모둠별 활동을 위하여 모둠을 조직합니다. 모둠의 수와 모둠별 인원의 수는 각 역할이 최소 한 명씩 들어갈 수 있도록 고려해서 짜야 합니다. 다음 표를 참고하여 모둠을 짤 수 있습니다.

		혼합 토론 모둠			
		1조	2조	3조	4조
전문가 토론 모둠	A조				
	B조				
	C조				
	D조				
	E조				

[그림 Ⅱ-2-3] 모둠 조직표의 예시

㉠ 모둠 조직

모둠은 3개부터 8개까지, 자유롭게 구성할 수 있습니다. 모둠의 개수가 각 전문가 입장의 수라고 할 수 있습니다. 물론, 학생 수에 따라 입장을 합치거나 나누어 모둠의 수를 유연하게 조절할 수 있어요. 모둠별로 각 모둠원은 4명에서 6명 사이로, 소집단 토론이 가능한 인원수가 좋습니다. 2차 토론을 감안하여, 모든 모둠의 인원 수를 최대한 같거나 비슷하게 구성하는 것을 추천해요.

주제에 따라서 모둠을 짜는 방법이 달라질 수 있습니다. 만약 다양한 관점이 중요한 주제일 경우 입장을 9개 정도로 늘려 1차 전문가 토론을 짝 활동으로 진행하고, 2차 혼합 토론을 9명이 한 모둠이 되어 진행하는 것도 가능합니다. 모둠 구성에 정답은 없으며 주제의 성격과 학생들이 수행 가능한 협동학습의 수준에 따라 모둠의 크기, 개수를 조정할 수 있습니다.

ⓒ 모둠별 입장 정하기

모둠을 정한 뒤에는 각 모둠마다 전문가 집단이 되어 역할을 정하게 됩니다. A 조, B조, C조 등 각 조마다 역할을 다르게 구성하고, 역할마다 각각 다른 입장을 갖게 됨을 안내합니다. 모둠의 구성은 학생들에게 자율로 맡기는 방법, 교사가 직접 정해주는 방법, 제비뽑기 등으로 정하는 방법 등 다양한 방법으로 할 수 있습니다. 다만 각 입장이 정해져 있는 활동의 특성을 고려할 때, 학생에게 맡기는 것도 좋습니다. 어떤 전문가가 될 것인지 학생들이 자율적으로 고를 수 있도록 모둠을 구성하면 조금 더 학생들이 활동에 적극적으로 참여할 수 있기 때문입니다. 학생의 진로·관심사 등과 모둠의 입장이 일치할 수 있도록 하는 것이 학생들의 동기를 부여하는 데에 긍정적인 편이었어요.

궁금해요

모둠의 수를 어떻게 정해야 하나요?

전문가 집단의 수가 입장의 수가 되며 2차 토론에서 전문가의 수가 모둠마다 1명 이상씩 있어야 토론이 잘 진행될 수 있기 때문에 모둠의 인원 수를 잘 조정하는 것이 생각보다 중요합니다. 학급 인원이 16명, 20명, 24명, 25명 등일 경우 4×4, 4×5, 6×4, 5×5 등으로 조를 편성하기 용이합니다. 하지만 22명, 23명, 27명 등 인원 수가 딱 맞지 않을 때에는 어떻게 조 편성을 해야 할지 사전에 충분한 고민이 필요합니다.

학생들에게 자발적으로 모둠 구성을 맡기는 건 어떤가요?

아예 조의 입장을 미리 밝히고, 어떤 주제로 조사하고 싶은지 학생들에게 자원을 받아 모둠을 구성하는 방법도 가능합니다. 이 경우 학생들이 자발적으로 입장을 고르면서 모둠이 구성되기 때문에 시간을 훨씬 절약할 수 있습니다. 또, 학생들이 각자 관심 있는 주제를 고를 수 있기 때문에 동기 유발에도 도움이 됩니다. 그러나 학생들이 자발적으로 모둠 편성을 할 경우 모둠의 인원수, 모둠 간의 수준 차 등을 교사가 조절하기 어렵다는 한계가 있기 때문에 교사의 가치 판단이 중요합니다.

조금 더 다채롭고 흥미로운 활동을 위해서 어떤 것을 할 수 있나요?

학생들이 맡은 입장 중에서도 더욱 세부적으로 입장을 구체화하는 것도 가능합니다. 학생들이 상상력과 창의력을 발휘하여 자신이 맡은 입장에 몰입하도록 할 수 있습니다. 예를 들어 동물실험 주제에서 '연구소 소속 연구원'일 때에, 소속된 연구소의 크기, 프로젝트에 얼마나 책임감을 가지고 있는지 등에 따라 동물실험을 대하는 태도가 다소 달라질 수 있을 것입니다. 이런 세부적인 정보까지 상세하게 정하도록 하면 학생들이 더욱 흥미롭게 활동을 수행할 수 있습니다.

모둠별 입장의 예시 1

동물 실험의 윤리

다음 지시문을 읽고, 해당 주제와 관련하여 각자 맡은 입장에서 추가 정보를 수집하여 주장과 근거를 정리해봅시다.

입장
① 바이오 관련 회사 연구소 소속 연구원
② 의학, 약학대학 소속 교수, 대학원생
③ 수의학자, 수의사
④ 바이오 회사 CEO, 자본가

⑤ 윤리학자

⑥ 동물 단체 및 시민

'동물 실험'과 관련해서는 해당 산업 분야와 밀접한 6개의 직업군에 따른 입장에서 주장과 근거를 정리하도록 전문가 모둠을 나누었다.

모둠별 입장의 예시 2

유비쿼터스 시대의 윤리

다음 지시문을 읽고, 해당 주제와 관련하여 각자 맡은 입장에서 추가 정보를 수집하여 주장과 근거를 정리해봅시다.

입장

① 행정, 법 집행 영역의 활용에 대해 찬성(긍정) vs 반대(부정)

② 의료 데이터에서의 활용에 대해 찬성(긍정) vs 반대(부정)

③ 건축, 공간 설계 영역의 활용에 대해 찬성(긍정) vs 반대(부정)

④ 생활, 소셜 미디어 영역의 활용에 대해 찬성(긍정) vs 반대(부정)

'유비쿼터스 시대의 윤리'와 관련해서는 해당 기술이 활용되는 영역을 크게 나누고, 각 영역에 따라 전문가 모둠을 나누었다. 추가적으로 단순 주장과 근거를 정리하는 것에서 더 나아가 찬성 입장과 반대 입장을 정하도록 할 수 있다.

---

② 글 읽기

학생들은 교사가 제시한 글을 읽습니다. 교사는 해당 분야에 대하여 학생들이 대략적으로 개념을 파악할 수 있는 글을 제시하여 학생들이 기초 자료로 활용할 수 있도록 합니다. 예시 활동에서는 해당 분야에 대한 개괄적 정보를 제공하는 글 한 편, 서로 상반되는 입장을 주장하는 글 두 편으로 구성하여 제시하였습니다.

그리고 학생들은 교사가 제시한 자료를 길잡이 삼아 각자 자신의 입장에 해당하는 자료를 추가적으로 검색하여 더 자세하게 조사하게 됩니다. 이 때, 혹시라도 가짜 뉴스나 잘못된 정보를 조사하지 않도록 조사한 자료의 출처에 대해 명확하게 표기하도록 활동지를 구성하고 이 점을 안내해주세요.

어떤 읽기 자료를 선택해야 하나요?

교사가 제시하는 읽기 자료는 다양한 수준의 학생들이 부담없이 읽을 수 있는 글로 제시하는 것이 좋습니다. 이 읽기 자료는 해당 주제에 대해 추가적인 검색을 위한 실마리 겸 길잡이의 역할을 하게 됩니다. 교사가 제공하는 글은 학생들이 추후에 추가 자료 조사를 하는 기초 자료일 뿐이므로 교사의 제시글이 절대적 역할을 하는 것은 아니라는 점이 중요합니다. 교사가 모든 영역, 입장에서의 자료와 정보를 읽기 자료로 제공할 수 없습니다. 그리고, 교사의 자료만을 학생들이 활용한다면 추후의 토론 활동에서 중복된 정보가 계속 언급되게 됩니다. 따라서 교사가 제시하는 읽기 자료는 굵직한 쟁점 위주로 길잡이 역할을 할 수 있도록 제시하는 것이 바람직합니다.

③ 1차 전문가 토론을 위한 추가 자료 조사 활동

이미 특정 입장과 분야가 정해져 있기 때문에 해당 입장에서 토론할 내용을 정리하게 됩니다. 해당 분야에서 주제에 대해 어떻게 생각하고 있는지, 그리고 그 이유 등을 토론에서 이야기할 수 있도록 입장을 정리하도록 해 주세요. 한 편의 글을 쓰게 해도 좋지만, 글쓰기에 대해 학생들이 부담이나 거부감을 느낄 수 있으므로 개조식으로 정리하거나, 300자 정도로 간단하게 입장을 정리하도록 할 수 있습니다. 예시에서는 300자 정도로 간단하게 주장과 근거를 정리하도록 하고 만약 추가 검색이 필요할 경우 1차 전문가 토론에서 추가로 검색을 수행하도록 하였습니다.

---

1. 우리 조가 맡은 역할과 내 의견(300자 이상)

2. 추가로 읽기 자료를 검색하기 위해 사용한 검색엔진과 키워드, 해당 키워드로 검색을 수행한 이유, 검색 과정 등을 가능한 구체적으로 적어주세요.

   예) 네이버에서 "유비쿼터스 경제적 활용 사례", 유비쿼터스 기술이 경제 분야에서 활용되는 사례를 알아보기 위해서 검색하였음. 그런데 유비쿼터스보다 '사물인터넷'이라는 용어가 적절하다는 한 문서를 보고, "사물인터넷 경제적 활용 사례"로 다시 검색. 그 결과 "[4차산업 iot분석54] "사물인터넷"… 경제·사회적 미치는 영향"(디지털 비즈온) 문서 발견

   ①

   ②

   ③

3. 내가 추가로 활용한 읽기 자료, 영상, 그래픽 자료의 출처를 밝히고, 해당 자료를 선택한 이유를 가능한 구체적으로 적어주세요(내용의 적절성과 타당성, 출처의 신뢰성 등).

   예) [4차산업 iot분석54] "사물인터넷"… 경제·사회적 미치는 영향
   (http://www.digitalbizon.com/news/articleView.html?idxno=2330823)
   - 사물인터넷이 경제적으로 미치는 영향 중에서 긍정적 사례, 편리한 사례 등을 찾

을 수 있을 것 같아서 선택함. 출처가 일반 네이버 블로그의 글이 아니라 '디지털 비즈온'이라는 IT관련 언론사라서 일단은 믿을 수 있을 것으로 판단. 하지만 잘 모르는 언론사라서 관련한 자료를 추가로 검색해야겠다는 판단을 내림.

①

②

③

④ 1차 전문가 토론

각자 준비한 입장을 바탕으로 모둠별로 1차 전문가 토론을 진행합니다. 보통 각자 가져온 주장과 근거들을 공유하고, 이 중 공통적인 부분을 묶어 정리하고 차이가 있는 부분에 대해 추가적인 이야기를 나누게 됩니다. 이 때, 개인적 생각과 주장뿐 아니라 이를 뒷받침할 수 있는 근거를 충분히 찾아서 사례 및 출처 등을 제시할 수 있도록 안내해 주세요. 자료의 출처에 대한 점검을 통해서 잘못된 정보가 퍼지지 않도록 하고, 정보의 타당성과 신뢰성을 평가하는 능력을 키울 수 있습니다.

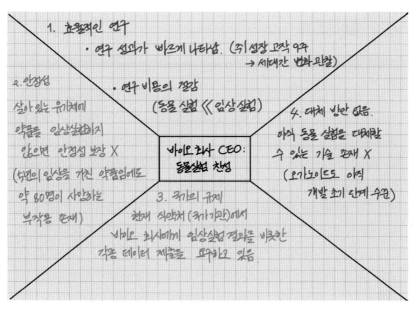

[그림 II-2-4] 1차 전문가 토론 결과물 예시1: 도식 형태

⑤ 전문가 토론 결과물 만들기

1차 전문가 토론의 결과를 정리합니다. 이 때, 이 정리한 내용을 바탕으로 2차 혼합 토론에서 자신이 전문가가 되어 해당 입장의 내용을 설명해 주어야 함을 학생들에게 고지해주세요. 따라서 학생들이 토론 결과물을 바탕으로 전문가 토론의 내용을 떠올릴 수 있으면서, 해당 결과물을 다른 조원들에게 보여주면서 설명할 수 있도록 결과물을 구성하는 것이 좋다는 것을 안내합니다. 따라서 결과물을 단순 줄글로 구성하는 것보다 표, 마인드맵 등 시각적 요소를 활용하도록 하면 2차 혼합 토론에서 활용하기에 좋습니다.

학생들에게 태블릿 피시가 충분히 있는 경우, 태블릿 피시의 노트 기능을 활용하여 토론을 진행하면서 정리하도록 하는 것도 도움이 됩니다.

1차 전문가 토론에서 주의해야 할 점은 무엇인가요?

1차 전문가 토론에서 함께 전문가들이 의견을 맞추어가도록 해주세요. 단순히 모둠원들이 각자 조사해 온 의견을 나열하여 합치거나, 한 명이 다른 모둠원들을 일방적으로 이끌어가는 모양이 되지 않도록 주의할 필요가 있습니다. 이를 해결하기 위해 특정 전문가 집단 안에서도 구체적인 직업, 개인의 성격 등을 상상하여 몰입해서 입장을 조사하도록 하는 것도 좋습니다. (소명의식과 사명감이 있는 의사, 명예욕이 있고 의욕적인 신입사원, 안정적이고 편안한 노후를 즐기고 싶은 임원 등) 이를 통해 서로 같은 전문가 집단 안에서도 의견차가 다소 있을 수 있음을 인지할 수 있습니다. 또, 주제에 따라 추가적으로 정보를 찾아보며 의견차를 해결하도록 할 수 있고, 의견의 차이를 발견하는 데에 집중할 수도 있습니다. 학생들은 이 과정에서 더욱 구체적이고 실제적인 상황에서의 문제 해결 방안을 떠올리게 됩니다.

추가로, 2차 전문가 토론에서 설명하는데 참고할 수 있는 자료를 만들도록 하는 것도 도움이 됩니다. 이때 단순히 정보를 나열하기보다 주장과 근거에 대해 실제 사례 등의 예시를 충분히 들어 설명하도록 안내하면 좋습니다. 이를 위해 학생들이 지속적으로 추가 정보를 찾아서 자료를 만들 수 있도록 지원해 주세요.

⑥ 2차 혼합 토론

1차 전문가 토론을 정리하고, 2차 혼합 토론을 진행합니다. 2차 혼합 토론에서는 각 전문가 1명씩 집단에 배정하여 혼합 집단을 만들어 줍니다. 따라서 혼합 집단에는 각각 다른 입장을 가진 전문가가 1~2명씩 배치됩니다. 2차 혼합 토론에서 각 전문가들은 자신이 맡은 입장을 대변하여 이야기하게 됩니다. 그리고 1차 전문가 토론에서의 결과물을 바탕으로 다른 청중들에게 해당 입장에서 주제에 대해 어떤 견해를 갖고 있으며, 관련 사례에는 어떤 것들이 있는지 설명하도록 합니다.

　토론 시간에 여유가 없을 경우 2차 혼합 토론에서 각 전문가들이 한 명씩 설명을 하고 토론을 마무리합니다. 토론 시간이 여유로울 경우에는 토론을 통해 의견을 좁혀볼 수 있도록 논제를 제시하는 것도 흥미로운 활동이 될 수 있습니다. 가장 간단하게는 해당 논제에 대한 찬성과 반대를 거수로 결정하거나, 토론의 결과를 간단한 문장으로 만들거나, 향후 어떤 방향으로 나아가야 할지 의견을 좁히는 것도 가능할 것입니다.

궁금해요

2차 혼합 토론에서 모둠별 인원 수가 안맞을 때에는 어떻게 해야 하나요?

　2차 혼합 토론을 할 때 모둠별로 특정 입장의 전문가가 모자라는 경우가 있을 수 있습니다. 그대로 진행해도 무방하지만, 혼합 토론 조를 짤 때 특정 입장의 전문가가 없는 것보다는 한 입장의 전문가가 2명이 되도록 짜는 것이 토론의 질에 도움이 되었습니다. 임시 방편으로 토론 도중에 옆 모둠에서 전문가를 빌려오는 등 유연하게 조정하는 것도 좋습니다.

2차 혼합 토론에서 주의해야 할 점은 무엇이 있나요?

　2차 토론에서, 단순히 서로에게 1차 전문가 토론의 내용을 알려주라고 하면 한명씩 순서대로 말하고 끝나곤 합니다. 따라서 각자 얘기하고 합의점을 찾거나, 서로 질문을 주고받는 등 토론을 할 수 있도록 지원하면 좋습니다. 찬반토론의 경우 다른 입장을 설득하도록 해도 좋고, 합의해서 하나의 문장을 만들도록 하는 것도 하나의 방법이 될 수 있어요. 토론 기록지 작성도 한 가지 방법이 될 수 있습니다. 다만 이 경우 실제 활발한 면대면 토론이 이루어지기보다는 기록지에 기록하고 이를 읽는 방식으로 토론이 이루어질 수도 있다는 한계가 있어요. 따라서 교사의 가치 판단이 필요한 부분입니다.

⑦ 토론 성찰하기

토론이 마무리된 뒤 오늘의 토론에 대해 의미를 부여하고 성찰하는 활동을 하도록 합니다. 토론의 내용과 진행 과정, 토론을 통해 느낀 점들을 간단하게 성찰하고 300자 내외의 글로 정리하도록 할 수 있습니다. 다음은 학생들이 쓴 느낀 점의 예시입니다.

직소 모형을 이용해 전문가 집단을 나누어서 토론을 하니 통상적인 방법으로 토론을 하는 것보다 더 심화적인 학습이 가능했다고 생각한다. 본인은 유비쿼터스의 의료 영역에 관한 사례를 검색했고 나머지 두명은 법 영역, 일상 영역에서 유비쿼터스가 어떻게 활용되고 있는지 찾아봤다. 전문가 집단에서는 유비쿼터스 활용에 대한 찬성 의견이 주도적이었는데, 나머지 영역을 담당한 사람들은 유비쿼터스의 활용에 대해 회의적이라는 의견을 보여서 살짝 놀랐다. 다른 사람들이 조사한 근거를 보니 타당하다는 생각이 들었고 같은 소재라도 어떤 영역에 활용되는지에 따라 찬반의견이 명백히 갈릴 수도 있다는 생각이 들었다. 또한 이렇게 영역을 나누어서 서로 다른 부분을 학습하는게 아니라, 막연하게 조사를 한 다음 토론을 했다면 이렇게 심화적인 토론은 불가능 했을 것이라고 생각했다.

우리 조 토론에서 끝나지 않고 직소 모형을 활용하여 다른 분야의 토론에 대한 의견도 들을 수 있어 유비쿼터스라는 하나의 주제에 대한 사고의 폭을 넓힐 수 있었다. 유비쿼터스가 용어 개념과 내용이 친숙하지 않고 관련 분야도 많아 단시간에 깊이있게 탐구하기 어렵다고 생각한다.

하지만 직소모형을 활용하니 내가 의료분야만 탐구하였음에도 불구하고, 의료 외의 다양한 분야의 유비쿼터스에 대해 핵심적인 내용을 알게 되어 유비쿼터스 전체를 이해할 수 있게 되었다. 즉, 다른 조 학우들이 각자가 탐구한 분야의 긍정,부정적 측면을 구체적 사례로 한번에 요약하여 설명해주다보니 다른 분야의 핵심적 요지를 알게 되므로, 유비쿼터스 자체에 대한 나의 의견을 정립할 수 있었다. 직소모형으로 탐구하지 않았더라면, 유비쿼터스의 활용 분야 하나하나 다 조사해야해서 유비쿼터스를 찬성할지 반대할지 입장을 결정하는 데 굉장히 오래걸렸을 것이다. 하지만 직소모형으로 탐구하니 단시간에 어렵고 낯선 분야도 웬만큼 이해하고 나의 의견도 정립할 수 있어서 협력적 탐구, 토론에 대한 가치를 깨달은 시간이었다.

또한 분야에 따라 유비쿼터스를 긍정적으로 볼지, 부정적으로 볼지 달라질 수 있음을 느꼈다. 나는 의료분야만 탐구했을 때 긍정적인 입장이 강했다면, 소셜미디어 분야의 설명을 들을 때는 생각보다 부정적인 측면도 존재함을 알게 되어 무조건 찬성하지 않고 최종결정까지 신중하게 다시 한번 근거들을 돌아보게 되었다. 직소모형이 토론 주제에 대해 여러 측면을 신중하게 고려하는 데 큰 도움이 된다는 것을 알게 되었다.

3) 학생 활동 결과물 예시

찬성

1) 행정 업무나 법 집행에서 사물인터넷을 활용해 실제로 이익을 얻고 있는 사례가 많음
- 개인의 프라이버시 자료 혹은 이를 이용한 프로파일링을 통한 자료 등을 이용하는 것은 협의해야할 부분이 많다는 건 인정 하지만 그 외에 지리적이거나 기술적인 부분 등 개인 프라이버시 침해를 최소화하여 이용하는 것은 괜찮지 않을까?
- ▷스마트 주차, 대중교통체계 개선, 도로이용료 산정, 다리보수, 지하철 관리, 스마트 거리 조명 등 교통 분야, ▷재해대응, 산불 진화, 교도소 면회, 비디오 감시, 커넥티드 범죄자 수송 관리, 가스 모니터링 등 에너지·환경 분야, ▷커넥티드 국방, 자산 등 국방 분야 등
- 고흥군은 산불감시, 적조예찰, 실종자 추적 등 각종 행정시책에 드론을 활용하고 있다. 고흥군은 전국 최대의 드론비행공역, 고흥항공센터 시설 등의 최적의 드론 인프라를 바탕으로 전국 최초의 '드론행정도시'를 꿈꾸고 있다.
2) 행정 처리 속도 증가 -> 사례: 4차 산업혁명기술을 적용한 관세행정 개선방안에 대한 연구 - 전량검사를 하기 어려운 화물 통관 절차에 스마트 통관 체제 활용하여 전량검사 가능
3) 법률 서비스 접근성 증가 -> 사례: 빅데이터 품질 사례연구 - 법무부 생활법률지식서비스 사업 연구에서 생활 법률 지식 분야에 대해 단순 지식 제공이 아닌 대화형 맞춤 서비스 제공
4) 국방, 치안, 교정, 조세, 물가통제, 도시계획, 공공사업, 생활보호 등의 영역에서, 행정의 효율성, 고객지향적 대응성, 행정의 민주성의 차원에서 국가행정에서의 효율성 향상, 행정비용 감소, 최상의 행정서비스 제공 및 행정업무의 격감이 가능하다.

반대

1) 편리함 극대화는 인정. 아직 기술의 첨예함이 정립되지 않음
- 유비쿼터스 기술로 편리함을 극대화시킬 수 있는 건 사실이지만 아직 기술의 첨예함이 정립되지 않아 개인정보 유출 위험, 사생활 노출 위험, 오류 사례 발생 위험이 얻을 수 있는 이점에 비해 크다.
- 행정, 법 집행 영역에서 활용하는 것에 대해 완전히 배제할 필요는 없지만 충분한 주의가 필요하다고 생각한다. 기술이 충분히 믿을 만해지는 시점이 되었을 때 비로소 사용할 수 있다는 것이다. 아직 기술이 완벽하게 개발되지 않았다. 특히 위기자료 (3)과 관련하여 아직까지 기술이 완벽하지 않고, 잘못된 해석을 내놓기도 하는 상황에서 해당 기술을 당장 활용하는 것은 섣부른 결정이라고 생각한다.
2) 행정과 법 집행에 있어 인간만이 수행할 수 있는 감정적, 복합적 능력이 반드시 필요한 순간이 있는데, 모든 것을 유비쿼터스 기술에 의존해버리면 결국에는 인간을 위한 세상에서 인간적 면모를 배제하는 사회적 분위기가 확산될 수 있는 가능성이 발생할 수 있다.
3) 현재 행정직, 법률직에 종사하는 수많은 사람들의 생계와, 해당 분야의 인적 미래가 불투명해진다.
4) 거짓말탐지기의 경우에도 아주 오랜 시간 활용해온 기술임에도, 여전히 직접 증거의 능력은 갖지 못하고 간접 증거의 역할만을 수행하고 있다. 또한 거짓말탐지기에 적용되는 기준 또한 매우 엄격한 상황이다. 이 상황에서 당장 정신 분석 등의 사물인터넷을 깊게 활용하는 것은 아직까지는 어려울 것이라고 생각한다.
5) '카카오톡 검열 사태' 등의 이슈가 있었을 때에도 개인에 대한 정부에 과한 개입, 사생활 침해, 정부의 사찰 등의 이유로 반발이 심했던 기억이 있다. 이처럼 사물인터넷의 잘못된 활용, 개인 정보의 과도한 소집은 큰 반발과 더불어 큰 문제가 우려된다.

[그림 Ⅱ-2-5] 1차 전문가 토론 결과물 예시 2: 찬반 개조식 형태

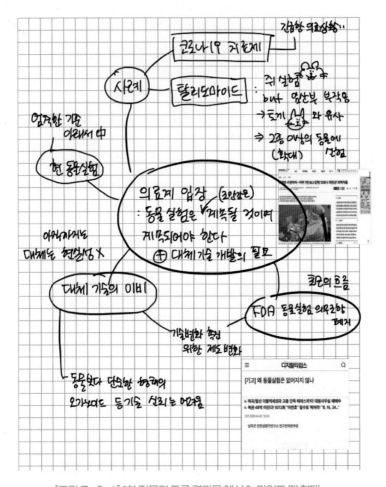

[그림 Ⅱ-2-6] 1차 전문가 토론 결과물 예시 3: 마인드 맵 형태

4. '직소 모형으로 엮어 읽기' 활동의 의미

 학생들의 목소리

"기술의 발전에 따라 유비쿼터스가 상용화 되어가며 발생할 수 있는 공통의 문제점도 있지만, 그 문제점이 해당 영역에 어떤 관련이 있는지, 혹은 어느 정도 수준으로 관련이 있는지의 정도에 따라 입장이 달라질 수 있다는 점이 신기하기도 했다. 이처럼 하나의 주제, 같은 제시문, 독서 환경일지라도 개인의 가치관이나 전제에 따라서 다양한 의견과 근거가 도출될 수 있다는 점을 직접 느껴볼 수 있었다."

"혼자서 제공 자료를 읽을 때만 해도 아는 게 많이 없는 느낌이고 내 생각이 옳은 것인지 확신이 가지 않았는데 자료를 찾으며 구체화하고 특히 전문가 집단 팀원들과 이야기를 하는 과정에서 주제에 관해 더욱 구체적인 정보를 얻을 수 있었고, 확실한 생각을 가지게 되었다."

"직소 모형을 활용해 토론을 진행해본 결과 서로 다른 관점에서 바라볼 수 있는 논제에 대해 서로 활발하게 의견을 나누기에 적합한 수업 모형이라는 생각이 들었다."

"토론을 준비할 때도 구체적인 입장에서 정리할 수 있어서 주장이나 근거를 정리할 때 초점을 맞추기 편했다. 혼합토론을 진행할 때는 내가 그 입장을 대표해야 한다는 책임감이 들어서 더 열심히 참여하게 되었던 것 같다."

　첫째, 다양한 관점을 고려하는 역량을 기를 수 있습니다. 우리가 삶에서 마주치는 문제들은 대부분 한가지 측면만 있는 것이 아니며, 여러 가지 상반된 입장들이 공존합니다. 현대 사회에서 우리는 하나의 문제를 해결하기 위해 매우 다양한 것을 고민해야 합니다. 상반된 입장에 대한 여러 가지 자료를 검토하고, 그 중에서 어떤 것에 더욱 가치를 둘 것인지, 어떤 것이 더욱 치명적인 문제가 될 수 있는지, 어떤 것은 무시할 수 있는 수준의 위험성인지 등등, 한 가지 문제에도 다양한 관점이 존재합니다. 전문가 입장을 활용한 직소 모형은 한 주제에 대해 조사하고 탐구하는 과정에서 이를 다루는 다양한 관점이 있을 수 있다는 것을 인지하게 하고, 그것들을 모두 고려할 때 어떤 결정을 내려야 할 것인가 고민할 수 있도록 합니다.

둘째, 협력적 학습을 통해 목표를 달성하는 경험을 할 수 있습니다. 직소 모형의 장점 중 하나는 소집단 활동을 통해 학생들이 경쟁하는 것이 아니라 학생들이 협력하여 목표를 달성한다는 것입니다. 이는 학생들로 하여금 혼자서 하기 어려운 것을 협동 학습을 통해 할 수 있다는 것을 체감할 수 있도록 합니다.

셋째, 실제적 맥락에서의 읽기 활동을 해보는 경험을 할 수 있습니다. 실제적인 읽기 활동에서 독자의 관점은 매우 크게 작용합니다. 예를 들어, 이 활동에서 학생들은 특정 전문가의 입장에서 어떠한 사안에 대한 텍스트를 읽고 입장을 표명해야 합니다. 학생들이 구체적 맥락이 없는 상황에서 텍스트를 읽을 때에, 학생들의 의견은 개념에 대한 찬성/반대 정도의 추상적 성격만을 띠게 됩니다. 그러나 특정 전문가로 그 입장을 좁히고, 해당 전문가는 어떤 입장을 표명할 것인가에 대해 고민하도록 하는 경우 학생들은 더욱 구체적이고 실제적인 맥락 속에서 문제를 해결하기 위해 자료를 읽게 됩니다. 이러한 작업은 향후의 직업생활과도 연계됩니다. 이 활동을 통해 우리 개인은 모두 각자가 속해있는 사회적 위치에 영향을 받아 자료를 탐색하고 읽기 활동을 수행하며 입장을 정한다는 것을 인지할 수 있습니다.

[읽기 자료]

수업에 활용할 수 있는 읽기 자료

주제1) 동물실험의 윤리

① 홍성욱 외(2016), 21세기 교양 과학기술과 사회, 나무, 나무, pp. 118-127.

② 조선비즈, [젊은 두뇌가 뛴다]⑨ 영장류 연구에서 난치병 해법 찾는 혈액학자, 2023. 3. 20., https://biz.chosun.com/science-chosun/science/2023/03/20/EDBZVGRKXFHBJFV25XBPCBC6IU/, 2023. 5. 10 접속.

③ 데일리벳, 인도적인 동물실험 늘리려면 '전임수의사 확충해야', 2019. 3. 26. https://www.dailyvet.co.kr/news/association/110248, 2023. 5. 10. 접속

주제2) 유비쿼터스 시대의 윤리

① 김 승 외(2017), 10대가 맞이할 세상, 새로운 미래 직업 – 4차 산업혁명은 우리의 삶을 어떻게 바꿀까?, 미디어숲, pp. 98-103.

② 금희조 외(2020), AI와 더불어 살기, 커뮤니케이션북스(주), 49-61.

③ 이코리아 뉴스, 생각 읽는 기술에 '정신적 프라이버시' 윤리 문제 부상, 2023. 5. 4. https://www.ekoreanews.co.kr/news/articleView.html?idxno=66780, 2023. 5. 10. 접속

참고 문헌

유경애(2019), 「대학 교양수업에서 직소(Jigsaw) 협동학습 – 학습자 인식 변화와 인지·정의적 효과」, 『교양 교육 연구』 13(6), 한국교양교육학회, 381-402쪽.

황인숙·이자원(2012), 「Jigsaw I 모형으로 분석한 협동학습의 효과에 관한 연구」, 『교육연구』 55, 성신여대 교육문제연구소, 103-149쪽.

나도 환경 활동가
- 엮어 읽고, 조사하고, 실천하기

#환경 #신문 만들기 #캠페인 #생활 속 실천 #PBL

1. 활동 소개

이 활동은 환경 도서를 읽고 환경 문제에 관해 고민해 보고 환경을 보호할 수 있는 방법을 논의하고 실천하는 활동입니다. 청소년과 환경문제에 관하여 깊이 탐색하기 위해 환경 관련 도서 한 권을 읽으며, 그와 관련된 인터넷 자료를 추가로 검색하여 읽는 다문서 읽기 활동을 하지요. 책을 읽은 후 이를 정리하여 환경 문제의 심각성과 해결 방안을 기사문으로 작성한 후 모둠별로 환경신문을 제작하고, 이후 모둠에서 제안하는 해결 방안을 널리 알리고 실천하기를 촉구하는 캠페인을 합니다.

이 활동은 환경 문제가 아니더라도 한 가지 주제에 관하여 깊이 탐구하고자 한다면 도서를 바꾸어 얼마든지 응용할 수 있습니다. 예를 들어 '다문화'에 관하여 심층 조사를 하고자 한다면 다문화 관련 도서를 한 권씩 읽은 후 이를 보충하는 인터넷 자료를 검색하는 방식이에요. 여러 가지 자료를 종합하여 읽은 후 이에 관하여 깊이 있게 탐구한 내용을 모둠 신문으로 만들고, 그에 관한 캠페인(생략 가능)을 실천하는 방식으로 응용 가능합니다.

• 환경

이 활동은 환경 문제에 관하여 깊이 탐색하기 위해 환경 관련 도서를 읽고 그와 관련된 인터넷 자료를 추가로 검색하는 다문서 읽기 활동을 해요. 현재 기후 위기가 날로 심각해지고 있으며, 이는 환경오염과 직·간접적인 관련이 있어요. 이 땅의 미래를 살아갈 청소년에게 환경과 기후 문제는 당장 눈에 보이지는 않지만, 당면한 중요한 문제 중 하나이므로 이 활동을 선정하였습니다.

• 신문 만들기

청소년에게 '신문'은 더 이상 친숙한 매체라고 볼 순 없지만 여전히 정보전달 매체로서 신문이 가지는 영향력은 상당합니다. 종이 신문이 아니라 하더라도 온라인 신문으로 형태를 달리하여 여전히 존재감을 가지는 매체인 만큼 신문이라는 매체가 가지는 특성 - 기사문, 광고, 특집기사 등 - 을 파악하고 이러한 장르의 글을 다루어 보는 활동을 해보는 것에 의의가 있어요.

• 생활 속 실천

문식 활동의 종착역은 생활 속 실천에 있습니다. 특히 환경 문제는 시급하고 중요함을 인식하는 것에서 그치는 것이 아니라 실천이 중요한 영역이지요. 읽고 쓰는 것에서 그치는 것이 아니라 자신이 옳다고 생각한 것을 직접 생활 속에서 실천하는 것까지 나아가도록 행동으로까지 연결하도록 지도하는 것이 이 활동의 핵심입니다.

2. 준비물

읽기 자료, 활동지, 디지털 도구(태블릿 피시나 컴퓨터, 휴대폰)

1) 읽기 자료

이 수업은 한 권의 책을 읽고 주제와 관련한 추가 자료를 검색하여 주제통합적 독서를 하는 방식입니다. 교사가 범위를 지정해 주고 그 안에서 학생이 읽고 싶은 책을 모둠별로 의논하여 한 권의 책을 골라서 읽도록 하는 제한적인 자기선택적 읽기를 실시하였습니다. 학생들이 고른 후보 책은 학생들의 수준이 각기 다른 것을 고려하여 중학교 1학년 수준에서 보았을 때 쉬운 책이 1/3정도, 다소 어려운 책이 1~2권 섞이도록 목록을 구성하였어요. 책 목록은 다음과 같습니다.

<표 II-3-48> 중학교 1학년이 읽은 환경도서 목록

순번	책 제목	지은이	출판사	난이도
1	생물의 다양성	위베르 리브스	생각비행	초 5~6
2	왠지 이상한 멸종 동물도감	누무가사 와타리	아이세움	초 5~6
3	(먹거리로 본 기후 변화)식량이 문제야	이지유	위즈덤하우스	초 5~6
4	북극곰 고미의 환경 NGO 활동기	박하나	책내음	초 5~6
5	왜요, 기후가 어떤데요?	최원형	동녘	중1~2
6	여우와 토종 씨의 행방불명	박경화	양철북	중1~2
7	윌슨이 들려주는 생물 다양성 이야기	한영식	자음과모음	중1~2
8	기후 변화 쫌 아는 10대	이지유	풀빛	중1~2
9	환경과 생태 쫌 아는 10대	최원형	풀빛	중1~2
10	청소년을 위한 그린+뉴딜	이경윤	플루토	중1~2
11	그건 쓰레기가 아니라고요	홍수열	슬로비	중2~3
12	10대와 통하는 기후 정의 이야기	권희중, 신승철	철수와영희	중2~3

엮어 읽을 자료로는 인터넷 기사, 전문 블로그나 홈페이지 등이 있음을 안내하

고 자료를 검색하는 법을 안내하였습니다. 동시에 학생들아 많이 사용하는 위키피디아나 나무위키와 같은 웹페이지나 페이스북, 일반 블로그는 공신력이 없는 자료라는 것을 안내하여 반드시 작성자와 출처를 확인하고 자료를 사용하도록 지도하였어요.

ㄹ) 활동지

요약하기, 신문 제작 등 일련의 독서 후속 활동을 위한 활동지가 필요합니다. 구체적인 활동지 예시는 '3. 주제탐구독서 활동 과정 자세히 보기'를 참고하면 됩니다.

3) 디지털 도구(태블릿 피시 또는 컴퓨터, 스마트폰)

주제와 관련된 다양한 읽기 자료들을 탐색하거나 읽어나가기 위해 노트북이나 태블릿 피시 등의 디지털 도구가 필요합니다. 이외에도 요약하기, 신문 기사 제작하기 등의 활동에 원활하게 참여하기 위해서는 노트북을 준비하거나 학교 컴퓨터실을 빌릴 것을 권장해요.

3. 주제탐구독서 활동 과정 자세히 보기

1) 활동 개요

활동은 개인 및 모둠활동으로 진행되며 최소 11차시에서 최대 15차시까지 조절하여 운영할 수 있어요. 활동 과정은 다음과 같습니다.

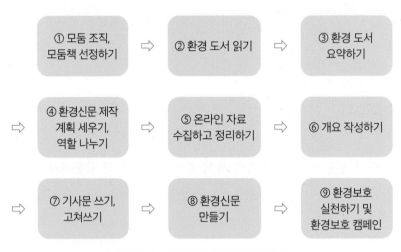

[그림 Ⅱ-3-1] '나도 환경 활동가' 활동 개요

① 모둠 조직, 모둠책 선정하기

모둠별 토의와 역할 분담을 위해 모둠을 조직합니다. 모둠에서 공통으로 읽을 책을 정하는데, 모둠원이 협의하여 교사가 제시하는 책 목록 중 고르도록 안내합니다.

② 환경 도서 읽기

집중해서 모둠책을 함께 읽는 시간을 가집니다. 해당 책을 예상 시간보다 일찍 읽으면 다른 책을 읽도록 안내합니다.

③ 환경 도서 요약하기

환경 분야에 대해 깊이 이해했는지 확인하기 위해 읽은 환경 도서의 내용을 요약합니다.

④ 환경신문 제작 계획 세우기, 역할 나누기

신문의 형식에 맞게 다양한 코너를 준비하도록 계획을 세우고 계획에 맞게 모둠원의 역할을 나누도록 안내합니다.

⑤ 온라인 자료 수집하고 정리하기

모둠별로 추가 자료 조사를 합니다. 모둠에서 읽은 환경 도서는 정보가 충분하지 않으므로, 각 모둠에서 맡은 역할에 따라 온라인으로 추가적인 자료 조사가 필요해요. 이때 자료의 출처, 신뢰도 등을 반드시 확인하도록 합니다.

⑥ 개요 작성하기

처음, 중간, 끝의 형식을 갖추어 기사문의 개요를 작성합니다. 각 부분에 들어갈 내용이 충실히 들어갔는지 확인합니다.

⑦ 기사문 쓰기, 고쳐 쓰기

작성한 개요를 참고하여 기사문을 쓰고 고쳐 씁니다. 초고를 쓴 다음 교사가 간단히 피드백을 해주면 고쳐쓰기를 해서 최종본을 제출하도록 합니다.

⑧ 환경신문 만들기

기사 외 광고, 만화, 특집 등의 코너를 완성하고 신문의 형식에 맞게 배치하여 신문을 완성합니다.

⑨ 환경보호 실천하기 및 환경보호 캠페인

환경보호를 머리로 아는 것이 아니라 삶과 연계하기 위하여 생활 속에서 실천할 수 있는 작은 일부터 시작하도록 하고, 환경보호 캠페인을 시작합니다.

ㄹ) 활동 과정 자세히 보기

<표 Ⅱ-3-49> '나도 환경 활동가' 주제탐구독서 수업 과정

활동	교사가 하는 일	학생이 하는 일	시간
모둠 조직 및 모둠 책 선정하기	• 모둠 편성하기 • 모둠책 소개하기 • 모둠 대표끼리 가위바위보 시키고 모둠책 확정 후 책 목록 받기	• 모둠책 직접 살펴보기 • 모둠책 1~3순위 정하기 • 모둠 대표끼리 가위바위보 해서 마음에 드는 모둠책 정하기	1시간
환경 도서 읽기	• 환경 도서 준비하기 • 책 읽는 분위기 형성하기	• 환경 도서 읽기 • 독서 일지 작성하기	3~4시간
환경 도서 요약 하기	• 요약하기 방법 안내하기	• 환경 도서 내용 요약하기	1시간

환경신문 제작 계획 세우기, 역할 나누기	• 역할 안내 및 검사	• 제작 계획 세우기 • 역할 나누기	1시간
* 온라인 자료 수집하고 정리하기	• 자료의 신뢰성을 판단하는 교육하기 • 자료의 적절성을 판단하는 교육하기	• 신뢰성 있는 자료 찾기 • 주제에 적절한 자료 찾기	1~2시간
개요 작성하기	• 개요 작성법 안내하기	• 개요 작성하기	1시간
기사문 쓰기, 고쳐쓰기	• 초고 기사문 피드백 해주기 • 고쳐쓰기까지 완성된 기사문 수합하기	• 기사문 초고 작성하기 • 친구의 기사문 읽고 간단한 피드백 해주기 • 선생님과 친구의 피드백 내용을 바탕으로 고쳐쓰기	2시간
환경신문 만들기	• 아이디어 검사하기	• 기사문 들어갈 위치 정하기 • 기사문 외 코너 아이디어 짜기 • 기사문 외 코너 작성하기	1~2시간
환경보호 실천하기 및 환경보호 캠페인	• 생활 속 환경 보호 실천 지원하기 • 환경 보호 캠페인 지원하기	• 생활 속 환경 보호 실천하기 • 환경 보호 캠페인 하기	1시간

(* 표시된 부분: 주제 통합적 읽기가 가장 활발하게 일어나는 활동)

전체 15차시가 소요되는 활동이지만, 이때 독서에 능숙한 학생들이 많다면 환경도서 읽기를 3차시에 끝내어 활동 시간을 한 차시 줄일 수 있습니다. 온라인 자료 수집, 정리하는 시간을 1시간으로 줄이고, 환경신문 만드는 시간을 1시간으로 줄여 활동을 운영한다면 총 12차시 활동으로 운영할 수 있어요. 모둠책 선정이 빨리 끝난다면 환경신문 계획 세우기 활동과 통합하여 1차시로 운영할 수도 있는데, 이렇게 최소 활동 시간으로 운영한다면 총 11차시로도 축소할 수 있습니다.

① 모둠 조직, 모둠책 선정하기

모둠활동의 인원은 3~4명을 추천합니다. 5명 이상은 책상을 모아 앉기도 불편하고 인원 수가 많아 일부가 소외되거나 활동하지 않고 노는 문제가 발생하기 때문이지요. 인원수가 맞지 않아 부득이하게 4명을 맞추지 못한다면 3명 모둠을 만들어 집중력 있게 활동하기를 독려하는 것이 낫습니다.

모둠책을 선정하는 단계는 다음과 같습니다.

[그림 II-3-27] 모둠책 선정 단계

모둠책을 선정할 때는 실물 책을 준비해서 학생들이 직접 책을 볼 수 있게 합니다. 선정하기에 앞서 교사가 책 내용을 간단히 설명해 주면 좋습니다. 책 표지를 보여주며 책의 핵심적인 줄거리를 20~30초 정도만 설명해 주어도 학생들의 호기심과 관심을 충분히 불러일으킬 수 있습니다. 교사의 책 소개가 끝나면 각 모둠에서 직접 책을 가지고 가서 잠깐이라도 읽어 보도록 시간을 줍니다. 학생들이 직접 책의 차례를 살피고 책장을 넘기며 작가가 쓴 문장을 읽는 시간을 가져야 책을 선택할 때 실패할 가능성이 줄어들어요. 한 문단이라도 읽어 보아야 작가의 글 쓰는 스타일이 자신과 맞는지 맞지 않는지를 판단할 수 있기 때문이지요. 학생들이 책을 직접 살펴보고 조금이라도 읽어 보았다면, 각 모둠에서 모둠책으로 가장 선정하고 싶은 책 1순위부터 3순위까지를 정합니다. 순위를 정하는 이유는 모둠별로 가위바위보를 해서 모둠책을 정하기 때문이에요. 자신이 직접 읽을 책을 선택했다는 선택권은 학생들의 독서 동기를 높여주므로 중요한 사항입니다. 한 권만 정하면 그 책을 선택하지 못했을 때 실망하거나 활동하기 싫어지기도 하는데, 3순위까지 세 권을 정해두면 대개 그 안에서 선정되므로 학생들이 자율적으로 선택했다는 기쁨을 주며 독서 동기를 유지할 수 있습니다.

궁금해요

어떻게 하면 독서 모둠을 잘 구성할 수 있을까요?

개인 활동과 함께 모둠 활동을 수행하므로 모둠을 조직하고 모둠에서 함께 읽을 책을 정하는 일이 우선되어야 해요. 모둠을 조직하는 방법은 다양합니다. 일반적으로 학생들의 국어 능력(성적)에 따라 수준별로 조직하는 방법이나 원하는 친구들끼리 하나의 모둠을 이루거나 일정한 순서(예: 번호순)대로 모둠을 만드는 방법이 사용되어요. 각 방법에는 장단점이 있지요. 수준별 조직은 모둠별로 활동을 이끌어갈 만한 리더가 있어 모둠 간에 큰 편차 없이 활동이 이루어질 수 있다는 장점이 있는 반면, 성적순으로 배정한다는 부담감과 친하지 않거나 무기력한 학생의 '무임승차'의 가능성이 높다는 점이 단점입니다. 친한 친구들끼리 하나의 모둠을 형성하면 활동이 잘 이루어진다는 점은 좋지만, 소외된 학생들이 발생할 수 있다는 점에서 문제가 될 수 있어요. 일정한 순서대로 모둠을 만들면 모둠 배정이 편하고 소외되는 사람이 발생하지 않는다는 장점이 있지만 모둠원의 조합이 어떠하냐에 따라 친밀감, 활동 능력에서 모둠별 활동 능력과 분위기에 차이가 크게 생길 수 있습니다.

이 책에서는 이를 보완하기 위하여 혼합 방법을 추천합니다. 혼합 방법이란 모둠장을 희망하는 학생이 자신이 원하는 친구 한 명을 모둠원으로 데려가고, 나머지 모둠원은 제비뽑기로 정하는 방법이에요. 모둠장이 믿고 함께 활동할 수 있는 마음 맞는 친구가 한 명 있어서 모둠을 잘 이끌어갈 수 있으면서도 제비뽑기를 하므로 소외되는 학생이 생기지 않습니다.

② 환경 도서 읽기

책 선정을 다 선정하였다면 총 3~4차시에 걸쳐 책을 읽습니다. 책 읽기에 능숙한 학생은 보통 3차시, 느리게 읽는 학생은 4차시 정도면 책 한 권을 읽을 수 있어요. 이때 몰입하는 분위기 형성하는 것이 가장 중요합니다. 교실이 어수선하거나 책 읽는 분위기가 형성되지 않는다면 "조용히 해"라는 말 대신 손가락을 입에 갖다 대고 '쉿' 하는 행동, 어깨를 손으로 가볍게 두드리며 자리에 앉으라는 행동 등으로 소리를 내지 않고 조용히 시키는 편이 좋습니다. 말소리가 자꾸 들리면 그 자체로 몰입하는 분위기가 깨지기 때문이지요.

궁금해요

학생들이 책을 읽는 동안 교사는 무엇을 하나요?

학생들이 몰입하여 책을 읽기 시작하면 교사는 교실을 계속 천천히 돌아다녀야 해요. 교사가 교탁에서 책을 읽거나 할 일을 하게 되면 학생들의 책 읽는 분위기가 금세 흐트러지고 교실은 거대한 수면장이 되고 말거든요. 이때 교사는 학생을 감시하고 깨우기 위해 돌아다니는 것이 아니라, 학생들 사이를 돌아다니며 인기척을 느끼게 해서 졸리지 않도록 분위기를 환기하는 역할을 합니다.

학생들이 책을 몰입해서 읽은 후에는 그날의 독서일지를 작성합니다. 보통 책을 30~35분 정도 읽은 후 10분 정도 독서일지를 작성하면 적당해요. 이때 독서일지는 독서가 끝난 후 꺼내도록 하는 것이 좋습니다. 처음부터 독서일지를 써도 된다고 허용하게 도면 독서보다는 쓰는 것에 집중하기 때문이에요. 독서일지는 A4용지 1/4 분량 크기이며, 한 번에 한 칸을 채웁니다. 독서일지 용지는 독서시간이 끝난

후 교사가 걷어 갔다가 다음 시간에 다시 나누어 주거나 학생이 보관했다가 독서일지 기록시간에 다시 꺼내면 됩니다. 1회 독서 기록 양식은 다음과 같습니다.

읽은 날짜	2023 년 월 일	읽은 쪽수 (예시: 27~89쪽)	~ 쪽
책제목/저자/출판사			
인상 깊은 구절을 옮겨 쓰고, 그 이유를 쓰세요	[쪽]		
읽은 소감 (새롭게 알게 된 것, 이미 알고 있는 것과 다른 것, 현실과 관련하여 떠오르는 것, 관련된 자기 경험 등을 자유롭게. 3줄 이상)			

[그림 Ⅱ-3-28] 1회 독서 기록 양식

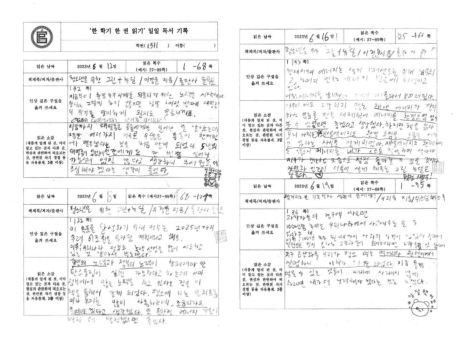

[그림 Ⅱ-3-29] 총 4회에 걸친 독서 기록의 예

③ 환경 도서 요약하기

학생들이 책을 읽은 내용 중 가장 관심이 가는 부분의 장(소단원)을 선택하여 요약하는 활동입니다. 중심 내용이 무엇인지 파악할 수 있어야 이를 종합하여 글을 쓸 수 있기 때문이지요. 중학교 교과서에서 요약하기의 방법은 크게 4가지로 제시됩니다. 중심 내용 찾기, 삭제하기, 재구성하기, 일반화하기가 그러합니다. 학생들은 수업 시간에 배운 요약하기의 네 가지 방법 활용하여 환경 도서의 내용을 요약합니다. 이때 한 가지 방법을 사용하여 요약할 수도 있고 여러 방법을 함께 사용하여 요약할 수도 있다고 안내해 줍니다.

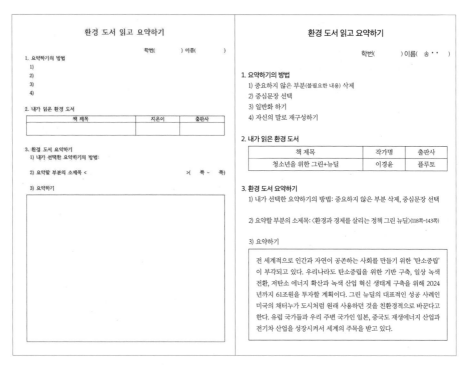

[그림 II-3-30] 요약하기 양식과 학생 활동의 예

④ 환경신문 제작 계획 세우기, 역할 나누기

신문에는 기사 외에도 다양한 요소가 있습니다. 모둠원은 각자 기사를 한 편씩 작성하는 것 외에도 광고나 만화, 칼럼, 특집과 같은 신문의 기타 요소를 구현하기 위하여 모둠원이 역할을 나누어 맡습니다. 이때 모든 내용은 환경과 관련된 내용을 주제로 합니다. 일반적으로 4명 모둠이라면 광고 1명, 만화 1명, 특집 2명, 3명 모둠이라면 광고 1명, 만화 1명, 특집 1명으로 나누어 맡으면 무난하게 제작할 수 있어요. 특집은 기사와 관련한 내용을 묻는 퀴즈, 인터뷰, 생활 속 실천 방법 등 관련 내용을 자유롭게 구성할 수 있는 코너를 말합니다.

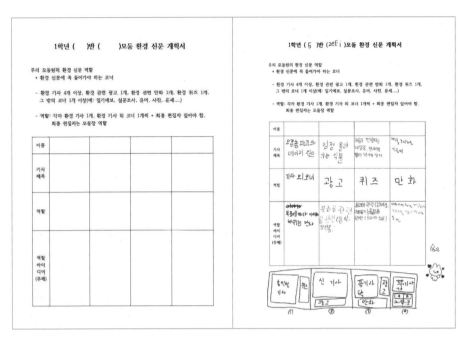

[그림 Ⅱ-3-31] 모둠 계획서 양식과 학생 활동의 예

⑤ 온라인 자료 수집하고 정리하기

책 한 권을 읽은 것으로는 내용을 충분히 익히고 정리하기에 한계가 있으므로 관심 주제와 관련하여 온라인 자료를 수집합니다. 컴퓨터실에 가서 자료를 수집하거나, 학생들에게 제공되는 태블릿 피시를 사용하거나, 학생들의 개인 스마트폰을 사용해서 자료를 수집할 수 있어요. 이때 즐겨찾기 기능을 적극 활용하여 수집한 자료의 출처를 밝히는 것을 잊지 않도록 합니다. 온라인에는 부정확하거나 부적절한 자료도 존재하므로 자료의 신뢰성을 판단하며 수집할 수 있어야 합니다.

온라인 자료를 몇 가지 더 찾았다면 찾은 내용 중 사용할 것과 사용하지 않을 것으로 분류합니다. 믿을만한 출처에서 수집된 내용이 아니라서 신뢰성이 부족하거나 자료의 출처가 불명확한 것은 사용하지 않습니다. 주제에서 다소 벗어나는 내용도 사용하지 않습니다. 사진이나 그림이 들어가면 독자의 이해를 도울 수 있으므로, 시각 자료를 적극 검색하여 찾도록 안내합니다.

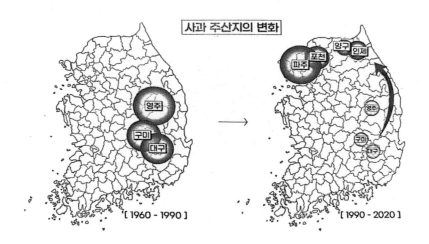

[그림 Ⅱ-3-32] 학생들이 검색하여 추가한 온라인 시각 자료(기후 변화에 따른 식량 위기 문제)

⑥ 개요 작성하기

쓸 내용을 구상하여 개요를 작성합니다. 기사문은 정보를 전달하는 성격의 글이므로 처음-중간-끝의 형식을 갖추도록 합니다. 처음 부분에는 독자의 관심을 사로잡을 만한 내용, 중간 부분에서는 본격적으로 환경에 관하여 사람들에게 전달하고 싶은 내용, 끝 부분에서는 앞선 내용을 요약, 정리하고 마무리하는 내용이 들어가도록 개요를 작성해요.

개요 작성 과정에서 수집한 자료가 부족하다면 더 보충할 수 있으며, 필요 없는 자료는 자료 활용에서 제외하는 방식으로 이전 단계를 넘나들 수 있어야 함을 가르쳐줍니다.

3. 내 주제에 대한 개요를 작성하고 자료 활용 계획을 세워 봅시다.

*내 기사 제목: 한국인 최애 과일의 위기

구성	주요 내용	자료 활용
처음	• 사과는 우리나라는 물론이고 세계적으로 유명하고 많이 먹는 과일임 • 사과가 100년 후에는 재배되지 않을 수도 있다고 함 (1문단에 들어갈 내용: 현재 사과와 사과의 문제점)	사진
중간	(2문단: 사과가 멸종 위기인 이유) • 사과는 본래 대구에서 자랐지만 평균 기온 상승으로 재배할 수 없게 됨. • 사과는 30℃ 이상에서 재배하면 맛도 모양도 별로다 • 결국 사과는 더워지는 지구로 사라질 것이다 • 하지만 기온을 내리면 사과의 멸종 위기가 사라질 것이다 • 기온을 내리려면 이산화탄소의 양을 줄여야 한다.	사진/광고
끝	• 만약 사과가 멸종한다면 후손들이 사과를 먹지 못할 수 있다 • 우리 모두 지구의 기온을 내리도록 노력해야 한다	사진

4. 통일성을 고려하여 개요를 수정해 봅시다.
   3의 개요에 직접 표시하되 다른 색깔 볼펜으로 두 줄을 긋거나 화살표 등으로 표시하세요.

[그림 Ⅱ-3-33] 개요 작성 예시

⑦ 기사문 쓰기, 고쳐쓰기

손글씨로 환경신문을 만들어도 좋고, 워드 프로세스 프로그램을 활용해도 좋습니다. 대체로 학생들이 손글씨 쓰는 것을 어려워해요. 또 워드 프로세스 프로그램을 활용하여 기사문을 작성하면 글을 쓰면서 자유롭게 고쳐쓰기가 편하므로, 보통은 컴퓨터를 활용하여 기사문을 작성하는 것이 좋습니다. 교내 컴퓨터실과 연계하여 워드 프로세스 프로그램으로 기사문을 작성하는 방법도 있고, 학생들에게 주어지는 개인 태블릿 피시나 휴대전화 문서 작업 프로그램을 사용할 수도 있어요.

작성한 기사문은 공유폴더(구글 드라이브)에 업로드하거나 교사의 이메일로 보내도록 안내하면 수월하게 수합할 수 있어요. 공유폴더 사용법을 모르거나 이메일 주소가 없는 학생도 있는데, 이때는 교사가 유에스비(USB)로 학생의 기사문 파일을 저장하여 따로 수합하면 되어요. 또는 컴퓨터실에서 바로 프린트하여 교사가 수합하는 것도 가능합니다.

수합한 기사문은 교사가 간단하게라도 피드백해 주어 고쳐쓰기 단계를 거치도록 합니다. 맞춤법이나 띄어쓰기와 같은 세부적인 부분 외에 주제에 관한 글의 흐름, 문단 내에서의 통일성과 응집성이 적절한지를 검토해 주는 것이 더 좋아요. 학생들끼리 상호 피드백하는 방법도 있으나, 중학교 1학년 학생의 경우 적절한 피드백이 이루어지지 못하여 오히려 글이 나빠지는 경우가 더 많습니다. 따라서 학생 간에는 간단한 맞춤법 교정 정도나 글이 이해가 되는지, 되지 않는지 확인해 주는 정도의 상호 피드백은 가능하겠으나, 근본적으로 글 전체를 검토하는 피드백은 원만하게 이루어질 가능성이 낮아 그리 추천하지 않습니다.

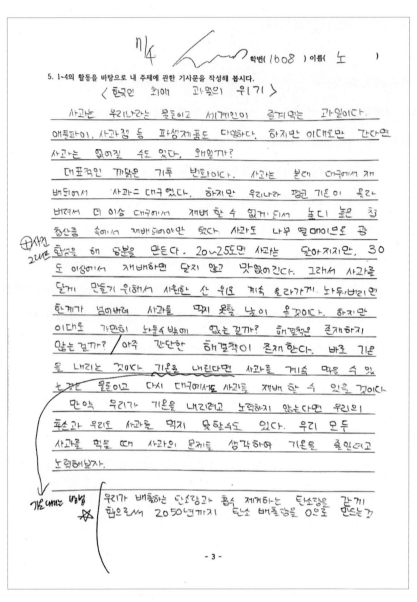

학번(1608) 이름(노　　)

5. 1~4의 활동을 바탕으로 내 주제에 관한 기사문을 작성해 봅시다.

< 한국인 최애 과일의 위기 >

　사과는 우리나라는 물론이고 세계인이 즐겨먹는 과일이다. 애플파이, 사과잼 등 파생제품도 다양하다. 하지만 이대로만 간다면 사과는 없어질 수도 있다. 왜일까?

　대표적인 까닭은 기후 변화이다. 사과는 본래 대구에서 재배되어서 사과는 대구 했다. 하지만 우리나라 평균 기온이 올라 버려서 더 이상 대구에서 재배할 수 없게 되서 높디 높은 청청산굴 속에서 재배되어야만 했다. 사과도 나무 열매이므로 광합성을 해 당분을 만든다. 20~25도면 사과는 달아지지만, 30도 이상에서 재배하면 달지 않고 맛없어진다. 그래서 사과를 달게 만들기 위해서 시원한 산 위로 계속 올라가게 놔두버리면 한계가 넘어버려 사과를 먹지 못할 날이 올 것이다. 하지만 이대로 가만히 놔둘수 밖에 없는 걸까? 해결책은 존재하지 않는 걸까? / 아주 간단한 해결책이 존재한다. 바로 기온을 내리는 것이다. 기온을 내린다면 사과를 계속 먹을 수 있는것은 물론이고 다시 대구에서도 사과를 재배할 수 있을 것이다. 만약 우리가 기온을 내리려고 노력하지 않는다면 우리의 후손과 우리도 사과를 먹지 못할수도 있다. 우리 모두 사과를 먹을 때 사과의 문제를 생각하여 기온을 줄이려고 노력해보자.

사과 그대로

개요 대비는 방법 ★

우리가 배출하는 탄소량과 흡수 제거하는 탄소량을 같게 함으로써 2050년까지 탄소 배출량을 0으로 만드는 기

- 3 -

[그림 Ⅱ-3-34] 기사문 초고 예시

한국인 최애 과일의 위기

사과는 우리나라는 물론이고 세계인이 즐겨 먹는 과일이다. 애플파이, 사과잼 등 파생제품도 다양하다. 하지만 이대로만 간다면 사과는 없어질 수도 있다. 왜 일까?

대표적인 이유는 기후 변화이다. 사과는 본래 대구에서 재배되어 사과하면 대구를 떠올리곤 했다. 하지만 우리나라의 평균 기온이 올라버려서 더 이상 대구에서 재배할 수 없게 되어 높디높은 첩첩산중 속에서 재배되어야만 했다.

이 그래프를 보면 주산지가 경남에서 강원도로 바뀐 것을 볼 수 있다. 사과는 나무 열매이므로 광합성을 하여 당분을 만든다. 20~25도면 사과는 달아지지만, 30도 이상에서 재배하면 달지 않고 맛없어진다. 그래서 사과를 달게 만들기 위해 시원한 산 위로 계속 올라가게 놔둬 버리면 한계를 넘어버려 사과를 먹지 못할 날이 올 것이다. 하지만 이대로 가만히 놔둘 수밖에 없는 걸까? 해결책은 존재하지 않는걸까? 아주 간단한 해결책이 존재한다. 바로 기온을 내리는 것이다. 기온은 우리가 배출하는 탄소량과 흡수되는 탄소량을 같게 만들어 탄소 배출량을 0으로 만든다면 줄일 수 있다. 자가용 대신 대중교통을, 일주일에 하루는 채식을 하는 등 간단한 수칙들만 잘 지킨다면 기온을 내리는 것은 어려운 문제가 아닐 것이다. 기온을 내린다면 사과를 계속 먹을 수 있는 것은 물론이고 다시 대구에서도 사과를 재배할 수 있을 것이다.

만약 우리가 기온을 내리려고 노력하지 않는다면 우리의 후손과 우리마저 사과를 먹지 못할 수 있다. 우리 모두 사과를 먹을 때 위 문제를 생각하면서 기온을 줄이기 위해 노력해보자.

1608 [   ] 기자

[그림 II-3-36] 완성된 기사문 예시

⑧ 환경신문 만들기

고쳐쓰기까지 완료하였다면 기사문을 프린트하여 신문에 들어갈 위치를 가늠해 봅니다. 신문은 8절 도화지를 크기 정도면 적절합니다. 신문의 특성상 펼칠 수 있도록 4절 도화지를 반 접어 신문처럼 만들면 좋습니다. 신문이 들어갈 위치를 잡았다면 나머지 여백에 만화, 광고, 특집 기사를 적절히 배치하도록 안내합니다.

[그림 Ⅱ-3-37] 환경신문 1쪽~4쪽 예시

교사와 학생이 함께 만드는 주제탐구독서 수업

⑨ 환경 보호 실천하기 및 환경 보호 캠페인

환경보호에 있어 무엇보다도 중요한 것은 생활 속 실천입니다. 학생들이 책과 인터넷 자료를 읽으면서 정리한 내용을 머리로만 이해하는 것이 아니라, 책에서 읽은 내용을 현실 세계로 가지고 올 수 있도록 생활 속에서 직접 실천하는 기회를 마련하였습니다. 환경보호 캠페인과 생활 속에서 실천할 수 있는 작은 행동인 플라스틱 병뚜껑 분리하기, 교실에서 분리수거 실천하기가 그렇습니다.

환경보호 캠페인   플라스틱 병뚜껑 분리하기   분리수거함

[그림 Ⅱ-3-38] 생활 속 환경 보호 실천하기 사례

3) 학생 활동 결과물 예시

특별기획 오늘의 유망 직업

직업명: 친환경 건축가
하는 일: 재생 에너지를 효율적으로 사용할 수 있도록 집을 설계한다. 전기를 잘 저장하고, 생산할 수 있게 건축해야 한다.
좋은 점: 전기세를 낼 필요가 없는 집이고, 화석 연료를 사용하지 않아 탄소중립에 큰 도움이 된다.

[그림 Ⅱ-3-39] 특집기사(환경과 관련된 직업)

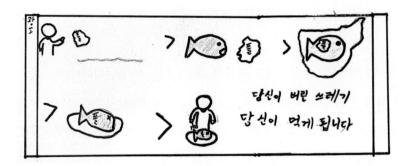

[그림 Ⅱ-3-40] 공익광고 예시

[그림 Ⅱ-3-41] 상업광고 예시

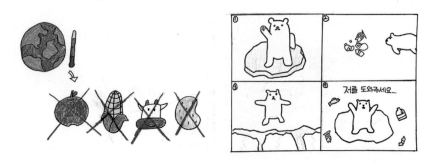

기후 변화 문제를 다룬 공익광고 　　　기후 변화 문제를 다룬 만화

[그림 Ⅱ-3-42] 기후 변화 문제를 다룬 공익광고와 만화

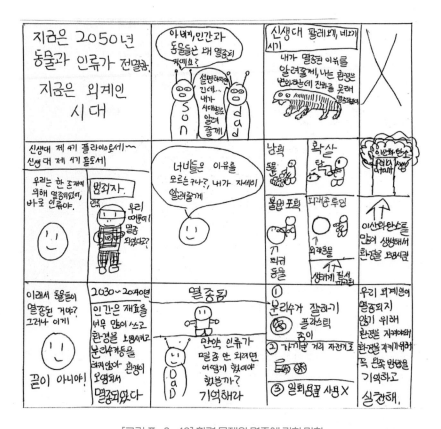

[그림 Ⅱ-3-43] 환경 문제와 멸종에 관한 만화

4. '엮어 읽고, 조사하고, 실천하기' 활동의 의미

이 활동은 정해진 주제 내에서 학생들이 원하는 책을 고를 수 있도록 선택권을 주어 내적 동기를 유발해 주었다는 점에서 긍정적입니다. 자신이 원하는 책을 읽는 독자는 더욱 적극적이고 능동적으로 독서에 임할 수 있기 때문이지요. 독자는 한 권의 책을 기준 자료로 삼아 깊고 꼼꼼하게 몰입해서 읽으면서 해당 분야에 깊이 있는 지식을 얻을 수 있습니다. 이후 온라인 자료 검색을 통해 그와 관련된 보충 자료를 찾아봄으로써 관련 지식을 넓게 지식을 확장할 수 있다는 것이 이 활동의 장점입니다. 모둠원과 역할을 나누어 맡아 책의 내용을 정리하므로 독서의 부담이 크지 않아 보통 수준의 학생들이 수행하기에 적합한 활동이라 할 수 있어요.

이 활동은 2022 중학교 국어과 교육과정 중 다음 성취기준과 연계해서도 지도할 수 있습니다.

<표 Ⅱ-3-50> 2022 중학교 국어과 교육과정 중 해당 성취기준

〈읽기〉
[9국02-02] 읽기 목적과 글의 구조를 고려하여 글을 효과적으로 요약한다.
[9국02-06] 동일한 화제를 다룬 여러 글이나 자료를 주제 통합적으로 읽는다.

〈쓰기〉
[9국03-02] 복수의 자료를 활용하여 다양한 형식으로 정보를 전달하는 글을 쓴다.
[9국03-08] 쓰기 과정과 전략을 점검·조정하며 글을 쓰고, 독자를 고려하여 글을 고쳐 쓴다.

환경 관련 단행본을 읽고 내용을 요약하는 부분과 '[9국02-02] 읽기 목적과 글의 구조를 고려하여 글을 효과적으로 요약한다.'와 연계하여 요약하기를 지도할 수 있습니다. 환경 문제에 관하여 단행본, 인터넷 자료 동 여러 종류의 자료를 엮어 읽는 부분은 '[9국02-06] 동일한 화제를 다룬 여러 글이나 자료를 주제 통합적으로 읽는다.'와 관련되어요. 읽기와 쓰기 성취기준을 통합하여 지도할 수 있는데, 환경 도서를 읽고 기사문(정보를 전달하는 글)을 쓰는 과정은 '[9국03-02] 복수의 자료를 활용하여 다양한 형식으로 정보를 전달하는 글을 쓴다.'와 연계할 수 있으며, 글을 쓰고 고쳐 쓰는 과정은 '[9국03-08] 쓰기 과정과 전략을 점검·조정하며 글을 쓰고, 독자를 고려하여 글을 고쳐 쓴다.'와 연계하여 지도할 수 있어요. 하나의 영역, 성취기준

뿐만 아니라 여러 영역에서 복수의 성취기준을 종합하여 수업을 이루고 수행평가까지 연계할 수 있다는 점이 이 활동의 강점이라 할 수 있습니다.

[읽기 자료]

수업에 활용할 수 있는 읽기 자료

권희중, 신승철(2021), 『10대와 통하는 기후 정의 이야기』, 철수와영희.

누무가사 와타리(2019), 『왠지 이상한 멸종 동물도감』, 아이세움.

박경화(2021), 『여우와 토종 씨의 행방불명』, 양철북.

박하나(2020), 『북극곰 고미의 환경 NGO 활동기』, 책내음.

위베르 리브스(2020), 『생물의 다양성』, 생각비행.

이경윤(2022), 『청소년을 위한 그린+뉴딜』, 플루토.

이지유(2020), 『기후 변화 쫌 아는 10대』, 풀빛.

이지유(2022), 『(먹거리로 본 기후 변화) 식량이 문제야』, 위즈덤하우스.

최원형(2021), 『왜요, 기후가 어떤데요?』, 동녘.

최원형(2019), 『환경과 생태 쫌 아는 10대』, 풀빛.

한영식(2012), 『윌슨이 들려주는 생물 다양성 이야기』, 자음과모음.

홍수열(2020), 『그건 쓰레기가 아니라고요』, 슬로비.

참고 문헌

교육부(2022), 『2022 국어과 교육과정: 교육부 고시 제2022-33호』, 세종: 교육부.

Ⅲ. 사회 주제탐구독서 수업하기

주제 4.

세계시민으로 살아가기
- 디지털 자료 엮어 읽기

#세계시민 #디지털자료 탐색전략 #신뢰성 평가 #동료 피드백

1. 활동 소개

세계 시민교육은 학생들이 세계 문제를 바탕으로 하여 다양한 문화와 관점을 이해함으로써 국제 사회의 책임감 있는 구성원으로서 살아갈 수 있도록 합니다. 유네스코(UNESCO)에서는 다양한 문화를 이해하고 존중하는 능력과 지속 가능한 발전을 위한 세계시민교육(Global Citizenship Education, GCED)의 중요성을 강조하죠.

이에 따라 학생들은 디지털 기기를 활용함으로써 시공간을 초월하여 세계시민과 관련한 학습 자료에 접근할 수 있으며 이를 바탕으로 다양한 문화와 관점에 대한 이해를 높일 수 있습니다. 특히 디지털 원주민이라고 할 수 있는 현 학생 세대는 디지털 기기를 자신의 신체 일부로 인식할 정도로 매우 친숙하게 디지털 기기를 다루지만, 신뢰성 있는 정보를 찾아 읽고 이를 비판적으로 평가하여 선별하는 것에 대해서는 어려움을 겪기도 합니다. 온라인상에 존재하는 정보의 경우 신뢰성과 타당성이 떨어지는 정보 및 거짓 정보가 혼재해 있기 때문에 디지털 자료를 능숙하게 다룰 수 있도록 체계적인 교육적 접근이 필요한 이유입니다.

더불어 학생들은 모둠 피드백 활동을 통해 자신이 선정한 자료와 주장 및 근거 등에 대해 함께 논의할 수 있습니다. 피드백 활동을 통해 학생들은 비판적 사고와 문제해결 능력을 신장할 수 있으며 다른 친구들의 의견을 반영하여 자신의 생각을 더 발전시키고 자기 평가 및 성찰의 기회를 가질 수 있을 것입니다.

• 세계시민

본 수업은 '세계시민으로 살아가기'를 주제로 하여 세계시민의 요건에 대해 디지털 자료를 탐색하고 이를 바탕으로 설득하는 글의 내용을 조직하는 활동으로 구성됩니다. 학생들은 우리학교, 지역, 국가를 넘어 세계의 이슈를 바탕으로 인류가 공존할 수 있는 가치를 이해하고 책임감 있는 시민의 요건을 탐색해 나갈 필요가 있지요. 특히 본 수업은 세계시민을 대주제로 하여 학생 스스로의 관심사와 진로를 연계하여 세계시민의 요건을 탐구할 수 있습니다.

• 디지털 자료 엮어 읽기

본 수업은 학생들이 다양한 디지털 자료를 탐색하고 자료를 비판적으로 선별하여 선정한 자료를 중심으로 내용을 구성하는 과정으로 이루어집니다. 학생들은 디지털 자료의 적절성과 출처의 신뢰성을 평가함으로써 선정한 자료가 신뢰성과 타당성이 있는 것인지, 내용을 뒷받침하기에 충분한 논리적 설득력이 있는지에 대해 학습할 필요가 있지요. 교사는 학생들이 디지털 자료의 유형과 신뢰성 및 타당성을 판단할 수 있도록 지도할 필요가 있으며 출처 기록 방법의 경우에도 구체적인 안내를 제공할 수 있습니다.

• 동료 피드백

학생들은 자신이 수집한 디지털 자료와 본인이 설정한 주장 및 근거에 대해 동료 피드백을 받습니다. 이 과정에서 모둠원은 선정한 자료가 신뢰성과 타당성이 있는 자료인지, 내용의 타당성을 높이기 위해 어떤 자료를 추가하면 좋을지 조언해

줄 수 있어요. 동료 피드백은 학생들이 자신이 읽고 선정한 자료에 대한 내용을 재점검하고 세계시민이라는 대주제 아래에서 자신의 관심사를 심화할 수 있는 기회를 제공할 수 있습니다.

2. 준비물

- - - - - - - - - - - - -

디지털 자료 탐색 가이드, 활동지, 노트북(컴퓨터)

1) 디지털 자료 탐색 가이드

교사는 디지털 탐색 가이드를 준비하여야 합니다. 디지털 탐색 가이드는 학생들이 어떤 디지털 자료를 어떻게 탐색하고 활용해야 하는지에 대한 안내를 제공합니다. 특히 학생들이 온라인상에서 무분별하게 자료를 탐색하고 선정하지 않도록 유의점 및 신뢰성과 타당성 있는 자료를 찾는 방법 등을 구체적으로 제시해 줄 필요가 있어요. 이에 대해서는 본 챕터의 '활동 과정 자세히 보기' 부분에서 자세하게 다루었습니다.

2) 활동지

학생들에게 제공되는 활동지는 세계시민과 관련하여 탐색한 자료를 정리하고 자신의 주장과 근거를 조직하는 데 틀을 제공합니다. 활동지는 ① 탐색한 디지털 자료의 출처 및 내용 정리, ② 주장과 근거에 대한 내용 조직, ③ 모둠별 피드백 활동지로 구성됩니다. 학생 활동지는 탐색 주제와 관련한 내용 정리와 출처 기록, 동료 간 협업 능력 향상 및 내용 조직에 대한 이해에 실질적인 도움을 줄 수 있습니다.

3) 노트북(컴퓨터)

노트북과 같은 디지털 도구는 학교에 구비된 디지털 장비를 사용할 수 있습니다. 최근 학교마다 학생 개인용 노트북을 구비하고 있는 경우도 있으나, 노트북이 학교에 비치되어 있지 않은 경우 컴퓨터실을 이용하거나 학생 개인 스마트폰을 활용할 수 있습니다.

3. 주제탐구독서 활동 과정 자세히 보기

1) 활동 개요

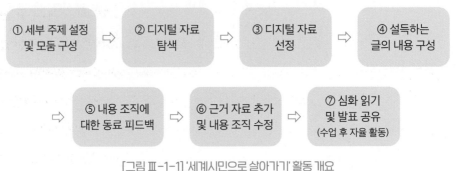

[그림 Ⅲ-1-1] '세계시민으로 살아가기' 활동 개요

① 세부 주제 설정 및 모둠 구성

세계시민을 주제로 한 디지털 자료 엮어 읽기 수업은 학생들의 다양한 관심사를 반영하여 이루어집니다. 1단계에서는 학생들이 세계시민에 대한 세부 주제를 설정하게 됩니다.

② 디지털 자료 탐색

2단계에서는 디지털 기기를 활용하여 다양한 디지털 자료를 탐색합니다. 이때 세계시민을 주제로 학생들은 전자책, 논문, 기사, 칼럼 등의 디지털 자료를 탐색할 수 있으며 탐색 과정에서 세계시민을 주제로 한 탐색 활동이 활발하게 이루어집니다. 이 과정에서 중요한 지점은 학생들이 탐색한 자료를 모두 읽기 자료로 사용하지 않는다는 것이지요.

③ 디지털 자료 선정

3단계의 디지털 자료 선정 과정은 학생들이 자신의 주장을 뒷받침할 수 있는 타당하고 신뢰성 있는 글을 선별하고 평가하는 주제 통합 읽기의 중요한 과정이라 할 수 있습니다. 학생들이 선정한 자료는 4단계의 설득하는 내용 구성에서 중요한 근거 자료로 사용되며 이 과정에서 선정한 글의 내용을 통합하는 과정이 심화됩니다.

④ 설득하는 글의 내용 구성

다양한 디지털 자료를 탐색한 뒤 학생들은 자신이 선정한 자료를 바탕으로 세계시민의 요건에 대한 주장, 근거를 설정합니다.

⑤ 내용 조직에 대한 동료 피드백

위에서 구성한 내용에 대해 다른 친구들의 피드백을 받습니다. 이 과정에서 학생들은 읽기 자료의 적절성, 출처의 신뢰성, 근거의 타당성에 대한 의견을 주고받을수 있어요.

⑥ 근거 자료 추가 및 내용 조직 수정

동료 피드백을 바탕으로 학생들은 자신이 읽고 선정한 자료가 신뢰성과 타당성이 있는 자료인지, 내용을 뒷받침하기에 적절한지에 대해 다시 한번 고민하고 추가적인 자료를 탐색하거나 주장과 근거를 수정하는 과정을 거치게 됩니다.

⑦ 심화 읽기 및 발표 공유 (수업 후 자율 활동)

마지막으로 심화 읽기 및 발표 공유 활동은 추가적인 읽기 후 활동이라고 볼 수 있어요. 학생들은 수업 시간에 충분하게 읽지 못했던 자료나 더 찾아서 읽고 싶은 자료를 추가적으로 읽고 이에 대해 보고서 작성이나 프레젠테이션 발표 공유를 통해 심화 읽기를 진행할 수 있습니다. 수업 후 읽기 활동은 학생들이 세계시민에 대한 관심을 확장·심화하는 기회를 제공할 수 있지요.

ㄹ) 활동 과정 자세히 보기

<표 Ⅲ-1-1> '세계시민으로 살아가기: 디지털 자료 엮어 읽기' 주제탐구독서 수업 과정

활동	교사가 하는 일	학생이 하는 일	시간
세부 주제 설정 및 모둠 구성	• 세계시민에 대한 하위 주제 안내 • 모둠 구성	• 세계시민의 하위 주제 확인 • 세부 주제 선택	1시간
디지털 자료 탐색	• 디지털 자료의 유형과 개념 안내	• 세부 주제에 대한 디지털 자료 탐색	1시간
*디지털 자료 선정	• 디지털 자료의 출처 표기 방식 안내	• 디지털 자료 선정 • 선정한 자료 정리 • 출처 정리	1시간
*설득하는 글의 내용 구성	• 디지털 자료를 바탕으로 한 개요 구성 안내	• 주장, 근거 정리 • 개요 작성	1시간
내용 조직에 대한 동료 피드백	• 동료 피드백 방법 안내	• 동료 피드백	1시간
근거 자료 추가 및 내용 조직 수정	• 추가 읽기 및 피드백 반영 방법 안내	• 내용 조직 수정 • 추가적인 자료 탐색	1시간
심화 읽기 및 발표 공유 (수업 후 자율 활동)	• 주제 통합 심화 읽기 및 공유 방법 안내	• 심화 읽기 • 발표 및 공유	1시간

(* 표시된 부분: 주제 통합적 읽기가 가장 활발하게 일어나는 활동)

('심화 읽기 및 발표 공유' 활동에서 공유 활동 대신 보고서 과제로 제시할 경우, 총 3시간으로 운영할 수 있습니다. 더불어 수업 시간 진도 부담이 큰 경우 내용 조직에 대한 동료 피드백과 근거 자료 추가 및 내용 조직 수정 활동을 생략할 수 있으며, 총 2시간으로도 운영할 수 있어요.)

① 세부 주제 설정 및 모둠 구성

본 수업은 '세계시민'이라는 대 주제 아래에서 어떠한 세부 주제를 설정할지를 결정하는 것에서부터 시작됩니다. 교사는 학생들에게 '의료, 교육, 식량, 지자체,

기후변화, 평화 구축, 일자리, 경제, 안전, 주거'라는 세부 주제를 제시할 수 있습니다. 더불어 학생들이 활동의 목적을 분명하게 이해하기 위해서는 활동 주제를 구체적으로 안내할 필요가 있어요. 예를 들면, 교사는 "행복한 세계시민의 요건을 탐색하고 찾은 자료를 바탕으로 친구들을 설득해 보자. 행복한 세계시민이 되기 위해서 우리는 무엇을(세부 주제) 어떻게(자료 탐색) 변화시켜 나가야 할까?"라고 활동 주제를 안내합니다. 교사의 활동 안내를 바탕으로 학생들은 제시된 세부 주제 중에서 하나를 선정하여 이후 활동을 준비합니다. 학생들에게 있어 세부 주제를 선정하는 과정이 쉽지 않을 수 있어요. 그렇기 때문에 교사는 학생들의 관심사와 진로를 고려하여 세부 주제를 선정할 수 있도록 도울 필요가 있지요. 만약 교사가 제시한 세부 주제 중 학생이 원하는 세부 주제가 없다면 '기타(   )'를 추가 제시하여 학생들이 자신의 관심사를 반영한 세부 주제를 설정하게 할 수 있습니다.

궁금해요

세부 주제 선정과 모둠 구성은 어떻게 하면 될까요?

교사는 구글 클래스룸이나 밴드를 활용하여 세부 주제를 공지하고 학생들에게 일주일 정도 주제를 고민하게 한 뒤에, 댓글로 세부 주제를 기록하게 합니다. 이렇게 하면 교사가 학생들이 선정한 주제를 미리 파악할 수 있으며, 학생들은 각자가 선정한 세계시민 하위 주제를 공유할 수 있습니다.

모둠 구성은 세계시민에 대한 세부 주제가 같거나 유사한 학생들끼리 활동할 수 있게 하거나 서로 다른 세부 주제의 학생들끼리 활동하게 할 수도 있습니다. 같은 주제끼리 모둠이 구성되는 경우 자신이 선정한 세부 주제에 대해 보다 깊게 주제 탐구 읽기가 가능하며, 다른 주제를 선정한 학생들끼리 활동하는 경우에는 세계시민이라는 주제에 대해 다양하고 폭넓게 이해할 수 있는 장점이 있습니다.

② 디지털 자료 탐색

세계시민을 바탕으로 학생들은 자신의 세부 주제에 해당하는 디지털 자료를 탐색합니다. 최근 각 학교에서는 학생들에게 개인별 노트북을 제공함으로써 디지털 탐구 활동이 가능하지요. 학교 상황에 따라 노트북이 준비되지 않은 경우 학교의 컴퓨터실을 활용할 수도 있어요. 물론, 학생들이 개인 스마트폰을 사용하는 것도 가능하지만 스마트폰은 긴 글을 깊게 읽거나 자료를 정리하는 데에 있어 피로도가 높고 이해에도 어려움을 겪을 수 있다는 점에서 되도록 태블릿 피시, 노트북, 컴퓨터 기기를 활용하기를 추천해요.

궁금해요

어떤 디지털 자료를 찾아야 할까요?

학생들은 매일 디지털 기기를 사용하여 수많은 콘텐츠를 접하고 소비하지만 막상 읽기 자료를 찾는 데에 있어서는 어떤 디지털 자료를 어떻게 탐색해야 하는지 잘 모르는 경우가 많습니다. 이를 위해 교사는 디지털 자료의 유형과 특성을 안내해 주고 학생들이 신뢰성과 타당성이 높은 자료를 탐색할 수 있도록 지도할 필요가 있어요. 다음은 각 디지털 자료의 유형과 특성을 보여줍니다.

「디지털 자료 탐색 가이드」

▷ **전자책**
일반적인 도서 유형을 말합니다. 학생들은 학교가 소속된 지역 교육청의 전자도서관을 무료로 이용할 수 있으며 이용 방법은 다음과 같습니다.

(1) 검색창에 (　　　　　　) 교육청 전자 도서관을 검색해요.
(2) 로그인 후 검색창에 필요한 자료를 검색해요.
(3) '대출'을 클릭 후 '바로보기' 혹은 '다운로드'로 전자책을 이용해요.

교육청의 전자책 대출 서비스를 이용하기 위해서는 회원가입이 필요해요. 학생들은 각 학교 도서관에서 DLS 아이디를 받아 가입을 진행하면 됩니다. 더불어 교사는 학생들에게 탐색한 도서의 저자를 추가적으로 찾아보게 할 수 있어요. 이는 학생들이 탐색한 책의 저자가 세계시민 분야에 있어 전문가인지의 여부를 확인하고 수집한 자료의 신뢰성과 타당성을 높이는 데 도움을 줄 수 있기 때문이지요.

▷ 논문

해당 분야의 학문적 연구 결과나 이에 대한 의견, 주장을 담은 글을 말해요. 논문은 해당 분야의 전문가들의 검증을 받는 절차를 통해야만 공식적으로 출판될 수 있어요. 그렇기 때문에 교사는 학생들에게 논문을 찾아 읽을 경우, 수집 자료의 신뢰도를 높일 수 있음을 안내할 필요가 있어요. 학교에 따라서 논문 사이트와의 계약을 통해 학생들이 학교에서 논문을 무료로 읽을 수 있도록 서비스를 제공하는 경우도 있지요. 이런 경우에는 다음의 절차를 통해 논문을 이용할 수 있어요.

(1) 학교와 연계된 논문 사이트로 이동해요.
(2) 논문 사이트에서 필요한 자료를 검색해요.
(3) 해당 페이지에서 논문의 정보를 읽어 봐요.
(4) 필요한 자료라고 생각하면 논문을 다운로드 받아요.

논문 사이트에서 필요한 자료를 검색하면 첫 페이지에서 다양한 정보를 탐색할 수 있어요. 저자 정보 및 학술지 정보뿐만 아니라 논문의 요약, 목차까지 살펴볼 수 있으므로 교사는 학생들에게 이러한 정보를 미리 살펴본 뒤 필요한 자료인지 아닌지 판단할 수 있게 안내할 수 있어요. 만약 학교와 계약된 논문 사이트가 없는 경우 RISS(학술연구정보서비스)에서 학위논문을 무료로 이용할 수 있어요.

▷ 칼럼 및 기사

칼럼은 각 언론사에서 시사나 사회 이슈에 대해 논평하는 글을 말해요. 학생들에게 전문 분야를 쉽게 이해할 수 있게 도와준다는 점에서의 장점도 있지만 저자의 주관도 개입될 수 있기 때문에 교사는 칼럼에 제시된 저자의 의견을 비판적으로 따져볼 필요가 있음을 지도할 필요가 있어요.

기사는 각 언론사에서 육하원칙에 따라 기술한 글을 말해요. 같은 사건이라고 하더라도 언론사마다 입장의 차이가 있고 기술하는 관점이 다를 수 있기 때문에 교사는 학생들에게 언론사의 관점에 대해 비판적으로 수용할 필요가 있음을 안내하여야 해요.

언론사의 기관 확인하기 tip!

√ 언론사의 기관 확인하기

언론사의 기관을 찾아보면 자료의 신뢰성과 타당성을 확인하는 데 도움이 될 수 있어요. 예를 들어, 과학 분야 언론사의 하나인 '사이언스타임즈' 홈페이지에 방문하면 하단에 '기관소개'를 찾을 수 있지요. 이를 클릭하면 '사이언스타임즈'라는 언론사 기관이 '한국과학창의재단'임을 확인할 수 있어요.

√ 언론사를 '사전'에서 직접 찾아보기

'사전'에 '국제엠네스티'라는 언론사를 직접 찾아봐요. 그럼 다음과 같은 언론사(국제엠네스티) 정보를 얻을 수 있지요. "언론과 종교 탄압행위 등을 세계 여론에 고발하고 국가권력에 의해 투옥, 구금되어 있는 각국의 정치사상범의 구제를 목적으로 민간에 의해 1961년에 성립된 세계최대의 순수 민간차원의 인권운동단체이다."(네이버 시사상식사전, 2023).

√ 양측면의 관점을 모두 제시하는 언론사 추천하기

'뉴닉(NEWNEEK)'은 최근 현안과 사회 이슈를 독자가 읽기 쉽게 제공한다는 점에서 학생들에게 소개할 만한 언론사예요. 특히 학생들이 이해하기 쉽게 구어체를 사용하고 각 쟁점에 대해 양측의 입장을 모두 제시한다는 점에서 학생들이 편향성을 극복할 수 있도록 도울 수 있어요.

▷ 사전

해당 개념의 정의나 설명을 이해하여 인용하는 데 유용해요. 해당 분야의 전문적 지식을 쉽고 빠르게 이해할 수 있기 때문에 교사는 학생들이 온라인 사전을 적극 사용할 수 있도록 안내할 필요가 있어요. 학생들은 주로 '네이버'나 '구글', '다음'과 같은 인터넷 검색도구를 활용하여 '사전'을 이용할 수 있지요. 검색엔진마다 제시되는 사전의 종류는 매우 다양하며 학생들은 해당 분야의 전문성을 고려하여 사전을 선정할 수 있어요. 예를 들어 구글에서는 주로 '위키백과'가 가장 먼저 상위에 나타나요. 네이버에서는 어학사전과 지식백과 두 종류로 분류되며 지식백과의 경우 학생이 전문성이 있다고 판단되는 사전을 선택하여 이를 활용할 수 있어요.

▷ 영상
해당 분야의 내용을 이해하기 쉽고 생동감 있게 전달할 수 있어요. 교사는 학생들이 영상자료를 이용할 때 영상을 제작한 사람이 누구인지, 어떤 의도로 영상을 만들었는지 비판적으로 살펴보게 해야 해요. 더불어 영상의 내용을 미리 보기 위해 영상 하단의 스크립트를 활용할 수 있어요. 영상 하단에는 영상 내용을 글로 요약하거나 스크립트를 제공하는 경우가 있어요. 이를 활용하면 해당 영상을 활용할 것인지에 대해 미리 확인할 수 있답니다.

▷ 블로그 등의 웹페이지
블로그나 카페, 기타 인터넷 웹페이지는 학생들이 다양한 정보를 손쉽게 얻을 수 있다는 장점도 있으나 정보의 정확성을 평가한 뒤 내용을 수집해야 함을 안내해야 해요. 또한 인터넷 웹페이지의 경우 공적 자료인지 사적 자료인지 확인할 수 있는 방법도 간단하게 교육할 필요가 있어요.

웹페이지 주소로 기관 확인하기

　대표적으로 공공 기관 도메인 주소는 'go.kr'이죠. 그 외에도 공공의 목적이 있는 도메인의 경우 'or.kr'을, 연구 기관의 경우 're.kr'을 사용해요. 교육기관의 경우 'ac.kr'을 주로 사용합니다. 국외의 경우 대표적으로는 미국의 정부 기관은 'gov'를 사용하는 것이 특징이죠. 학생들에게 이러한 도메인 주소를 구체적으로 안내할 필요는 없어요. 다만, 디지털 자료의 웹사이트 주소가 기관에 따라 다를 수 있다는 점, 공적 기관의 경우 특정한 도메인 주소를 사용한다는 점을 간단히 안내하면 학생들이 도메인 주소의 특징을 이해하는 데 도움이 됩니다.

③ 디지털 자료 선정

　학생들은 자신이 찾은 자료 중에서 중점적으로 읽기에 활용할 자료를 선정해야 해요. 이때 교사는 학생들에게 선정한 자료가 신뢰성과 타당성을 높일 수 있는 자료인지, '세계시민'이라는 주제를 뒷받침할 수 있는 자료인지 고민해 볼 수 있도록 안내합니다.

▷ 자료 정리와 선정을 도와주는 활동지 제공

　교사는 학생들이 디지털 자료의 유형, 자료 출처, 자료 내용을 정리할 수 있도록 활동지를 제공할 수 있어요. 다음은 본 수업의 활동지 예시를 보여줍니다.

근거 1	<자료 유형> 도서, 기사, 칼럼, 논문, 사진, 보고서, 영상, 블로그/카페, 기타( )
	<자료 출처>
	<근거의 내용>

[그림 Ⅲ-1-2] '세계시민으로 살아가기: 디지털 자료 엮어 읽기' 자료 선정 활동지 예시

 더 알아보기

출처 기록하기

학생들은 자신이 선정한 자료의 출처를 어떻게 기록해야 하는지 막막해할 수 있어요. 교사는 학생들에게 출처 기록에 대한 구체적인 방법을 안내하기보다는 디지털 자료의 유형에 맞는 예시를 제공함으로써 학생들이 직관적으로 출처 쓰기 방법을 이해할 수 있도록 도울 수 있어요. 한편, 학교에서의 평가를 위해 교사가 인쇄 자료로 활동지를 배부하는 경우 일부 출처 기록 방식을 간소화할 수 있어요. 일부 디지털 자료의 경우 웹사이트 주소를 출처에 기재하는 것이 원칙이나, 활동지가 인쇄물로 제작된 경우에는 웹사이트 주소를 생략하게 할 수 있어요.

√ **단행본**

예시) 최미란(2017). 함께해서 즐거운 세계시민교육, 교육과학사.

　　　저자　출판연도　　　　　　　제목　　　　　　　출판사

√ **논문**

예시) 안성훈·심연미(2023). 미국 초중등학교에서의 디지털 튜터 운영 사례 분석.

　　　　저자　　연도　　　　　　　　　제목

창의정보문화연구, 9(1), 한국창의정보문화학회, 45-54.
　　학술지명　　　권(호)　　　발행기관　　　페이지

√ 칼럼 및 기사

예시) 신각수, [인사이드칼럼] 한반도 평화체제 구축 앞에 놓인 함정,
　　　　저자　　　　　　　　　　　제목

　　　매일경제, 2018, 12, 13.
　　　　언론사　　　기고날짜

√ 사전

예시) 한국민족문화대백과, 웹페이지 주소, 2023. 11, 11.
　　　　사전 이름 (인쇄물 쓰기에서는 주소 생략 가능),　　검색 날짜

√ 영상

예시) 안전보건공단, 2023년 꼭 알아야 할 산업안전보건법 10가지,
　　　채널/제작자 이름　　　　　　　　　　제목

　　　https://youtu.be/dt3bleO7w4o
　　　웹페이지 주소(인쇄물 쓰기 생략 가능)

√ 블로그 등의 웹페이지

예시) 대한민국 통일부, 남북한의 헌법 변천사,
　　　웹페이지 운영자　　　　　제목

　　　https://blog.naver.com/gounikorea/223252317148
　　　웹페이지 주소(인쇄물 쓰기 생략 가능)

④ 설득하는 글의 내용 구성

학생들의 자료 탐색과 선정은 '세계시민으로 살아가기 위해 필요한 요건'이 무엇인지에 대해 친구들에게 설득하기 위한 목적으로 이루어집니다. 학생들은 자료를 찾는 것에서 더 나아가 설득하는 내용을 구성하기 위해 본격적으로 선정한 자료를 통합하여야 해요. 이를 위해 교사는 학생들이 선정한 읽기 자료를 통합할 수 있도록 간단한 개요를 작성하게 합니다. 개요 작성은 '처음-중간-끝' 혹은 '서론-본론-결론'의 구조를 취합니다. 개요를 작성하는 과정에서 학생들은 세계시민을 주제로 하여 자신의 주장을 정교화하고 찾은 자료를 바탕으로 설득하는 내용을 구성할 수 있어요.

▷ **선정한 자료를 통합하게 하는 개요 작성**

개요 작성은 학생들이 탐색하고 수집한 자료를 하나의 주제로 통합하게 하는데 유용해요. 교사는 학생들이 자신의 주장을 작성하고 수집한 자료를 바탕으로 개요의 서론, 본론, 결론을 구성할 수 있도록 안내합니다. 다음은 세계시민의 하위 주제 중, AI에 대해 디지털 자료를 탐색하고 이를 바탕으로 내용을 구성한 학생의 사례입니다.

〈개요 작성 및 내용 구성〉

[서론] 최근 chat GPT가 두 달여 만에 월 사용자가 1억 명에 도달한 것과 같이 전 세계적으로 챗봇 열풍이 뜨겁게 달궈지고 있다. 하지만 사용자가 많은 만큼 chat GPT를 좋지 않은 방법으로 남용하고 있는 사용자 또한 많아지고 있다. 우리는 chat GPT 상용화로 인한 폐해의 심각성을 알아볼 필요가 있다.

[본론]
근거 1: 연구 논문 등 글쓰기에서의 표절이 잦아지고 있다.
뒷받침 - 기사에 따르면 과학자들이 챗봇에 의해 막심한 피해를 입고 있으며 챗봇을 반대하면서 표절에 대해 우려하고 있다.

내용 조직 하기

근거 2: 잘못되고 편향된 정보로 혼란과 오개념을 얻을 수 있다.
뒷받침 - 기사에 따르면 인공지능 챗봇의 답변은 진위 여부를 판단할 수 없고 물리적 직관이 없어서 이용자들에게 잘못된 지식과 오개념을 심을 수 있다고 강조했다.

근거 3: 사용자의 사고력과 창의성이 제한된다.
뒷받침 - 논문에 따르면 최근 학생들이 과제, 평가를 챗봇을 활용하고 있으며 챗봇이 학생에게 일관된 답변을 제공하여 학생들의 창의적 문제해결 능력을 저해함을 주장하고 있다.

[결론] 행복한 세계시민이 되기 위해서 AI(챗봇)을 무분별하고 맹목적으로 사용하는 것을 변화시켜 나가야 한다. 챗봇의 사용이 상용화되고 AI가 대두되고 있는 만큼 윤리에 맞게 개발되어야 하며 무엇보다 사용자들이 윤리적 의식을 지녀야 한다고 생각한다.

[그림 Ⅲ-1-3] 세계시민으로 살아가기(하위 주제: AI)에 대한 내용 조직하기 예시

세계시민을 주제로 설득하는 내용을 구성하는 활동에서 교사는 학생들에게 개요 작성 방식을 구체적으로 안내할 필요가 있어요. 학생은 개요 작성을 위해 자신의 주장을 쓰고 서론, 본론, 결론을 작성합니다. 이때 디지털 자료는 개요를 작성하는 데 중요한 근거 자료가 될 수 있어요. 더불어 교사는 개요 작성 시 학생들이 글의

전개 방식을 참고할 수 있도록 안내합니다. 이는 문제-해결, 원인-결과 등의 전개 방법 등을 제안할 수 있어요.

학생들이 설득하는 내용의 개요를 작성하는 것에 대해 어려움을 겪을 수 있어요. 이때 교사는 학생들이 탐색한 자료를 바탕으로 자신의 주장을 구체화할 수 있도록 안내할 수 있습니다. 예를 들어 '세계시민'이 되기 위해 우리는 '무엇(세부 주제)'을 '어떻게(디지털 자료 활용)' 변화시켜 나가야 한다.'라는 주장을 설정해야 한다면 '어떻게'는 학생들이 선정한 디지털 자료를 바탕으로 구체화할 수 있어요. 이에 따라 선정한 자료 또한 주장을 중심으로 하여 긴밀하게 연결될 수 있도록 내용을 조직하는 것이 중요해요.

⑤ 내용 조직에 대한 동료 피드백

동료 피드백은 학생들이 세계시민을 주제로 다른 친구들이 선정한 자료를 함께 살펴보고 자신이 생각하지 못했던 부분을 함께 나눌 수 있다는 점에서 주제 통합 읽기를 심화하는 단계라 할 수 있습니다. 모둠 구성에 따라 4~5명의 학생이 유사한 주제로 함께 동료 피드백을 진행하거나 다른 세부 주제로 모둠 피드백을 수행할 수 있어요. 유사한 주제로 모둠이 구성된 경우 세부 주제에 대한 이해를 심화할 수 있으며, 서로 다른 주제로 모둠이 구성된 경우 세계시민에 대한 다양한 세부 내용을 폭넓게 이해할 수 있는 장점이 있지요. 교사는 학생들에게 동료 피드백 활동을 진행할 때 평가보다는 서로의 자료 통합을 '개선'하는 데 초점을 둘 것을 강조할 필요가 있어요. 아래 사진은 동료 피드백 활동지의 예시입니다.

보완이 필요한 사항	본인	근거를 좀 더 명확하게 해야 한다.
	모둠원1	수집한 자료는 좋지만 그 에 대한 근거가 부족해서 아쉬웠다.
	모둠원2	분량이 많아 보이는데 이 를 잘 정리하면 좋겠다.
	모둠원3	주장이 의도하는 바를 모 르겠으며, 해결방안이 부 족하다.

[그림 III-1-4] 내용 조직에 대한 동료 피드백 예시

동료 피드백 활동 지도를 위해 교사는 학생들이 선정한 자료가 신뢰성이 있는 자료인지, 구성된 개요가 주장을 뒷받침하는 데 타당한 내용인지 등을 살펴볼 수 있도록 안내합니다. 학생들은 필요한 경우 다른 학생에게 추가 자료 탐색이나 기존 읽기 자료의 교체, 수정 등을 제안할 수 있습니다. 활동지는 본인 활동지에 대한 검토, 다른 친구의 활동지에 대한 검토로 이루어집니다. 이때 교사는 동료 피드백이 평가보다는 개선에 초점이 있음을 안내하고 서로에게 도움이 되는 방향으로 피드백을 줄 것을 안내합니다.

⑥ 근거 자료 추가 및 내용 조직 수정

동료 피드백을 바탕으로 학생들은 자신의 내용 조직을 점검하고 추가 읽기 자료 및 근거 자료를 탐색할 수 있습니다. 교사는 학생들에게 자신이 받은 모든 피드백 내용을 다 수용할 필요는 없지만 내용 조직에 도움이 된다고 판단한다면 능동적으로 내용 조직을 수정할 것을 안내하여야 합니다. 학생들의 피드백 반영 과정을 살펴볼 때, '1) 타당성을 높이는 근거 자료 추가, 2) 내용에 대한 개념을 알기 쉽게 설명, 3) 반대되는 근거 자료 추가, 4) 이해하기 쉬운 사례 제시에 대한 피드백'을 능동적으로 수용하고 내용 조직에 반영하였습니다. 아래 사진은 세계시민의 하위 주제 중, '의료' 분야에 대해 자료를 탐색하고 내용을 조직한 학생의 피드백 전후 개요 조직의 변화를 보여줍니다.

| 동료 피드백 활동 전 | 내용 조직하기 | 〈개요 작성 및 내용 구성〉

우리가 행복한 시민이 되기 위해서 어떻게 해야 할까? 나는 의료에 초점을 맞추려 한다. 우리는 살아가면서 아프지 않은 적도 없고 아프지 않을 가능성도 없다. 그렇기에 우리는 의료에 대해 생각해 보아야 하는데 우리나라 의료의 문제점은 다음과 같다.
첫 번째로 지역 간 의료 불균형이다. 설문을 통해 보았을 때 우리나라 의료체계의 문제 중 국민 44%가 지역 간 의료 불균형을 꼽았다. 수도권 지역보다 지방의 병원들은 기피과를 유지하기 어렵고 시설도 부족하여 의사들이 선뜻 다가가기 어렵다. 이렇게 불균형이 심화되면 수도권 지역에만 병원이 생기므로 지방에 있던 사람들도 수도권으로 모이게 된다. 그러면 수도권 인구가 집중이 되어 문제가 발생한다. 그렇기에 우리는 지방 병원 공공 의료 시설을 설치하는 등의 조금 더 지방 병원이 잘 운영될 수 있도록 노력해야 한다.
두 번째로는 전 세계가 코로나로 인해 어려움을 겪었었다. 그로 인해 공공 보건 의료 역시 잠재적 문제점이 현실화되었는데, 보건 의료 자원 수용 한계를 넘는 확진 환자가 급증해 의료 인력과 병상 부족, 적시에 필요한 의료 서비스를 받지 못하는 상황이 펼쳐졌다. 그렇기에 우리는 이와 같은 상황이 더 이상 안 일어나도록 의료체계를 바꾸어 나가야 한다.
+ 마무리/주장으로 마무리 |

		〈피드백 반영한 개요 작성 및 내용 구성〉
동료 피드백 활동 후	내용 조직하기	[서론] 행복한 세계시민이 되기 위해 우리나라 의료 문제에 초점을 맞춤
		[본론] 첫째-지역 간 불균형:수도권 지역의 병원보다 지방 병원의 시스템 불균형으로 인해 생기는 문제점/해결-지방 병원 공공의료 시설 설치
		둘째-감염병으로 인한 의료체계 붕괴: 코로나19로 인한 환자들의 증가로 의료 인력과 병상 부족 문제/해결 - 응압 병상 수 확대 의무화, 지방에서 일정 기간 근무하는 의사들 확보
		셋째-비급여에 대한 문제: 비급여의 급여화가 과연 좋은 것인가에 대한 문제/해결-국가가 책임져야 할 법정 지원금을 확실하게 부담하거나 적정 부담하여 국민들의 공감대 형성 필요, 이를 위한 국가 부담에 대한 동의 구하기
		[결론] 의료 문제로 인해 현재 국민이 불편을 겪고 있음. 우리는 이러한 문제를 해결하면 한층 더 행복한 세계시민으로 살아갈 수 있을 것임.

[그림 Ⅲ-1-5] 동료 피드백 전과 후의 내용 조직 수정 예시

내용 조직 수정하기 활동 지도를 위해 교사는 학생에게 동료 피드백을 바탕으로 내용 조직을 수정할 것을 안내합니다. 이때 자신이 미처 생각하지 못했거나 글의 조직에 도움이 되는 피드백은 적극적으로 수용할 수 있도록 지도합니다. 학생들은 피드백을 바탕으로 타당성이 있는 디지털 자료를 추가 탐색하거나 반대되는 논지의 자료 추가, 용어나 개념에 대한 명확한 서술, 이해하기 쉬운 사례 탐색을 추가적으로 진행할 수 있습니다. 특히 학생들은 이전 단계에서 다른 친구들이 선정한 자료와 개요 작성을 살펴보았기 때문에 다른 친구의 활동지를 참고하여 더 나은 방향으로 자신의 내용 조직을 수정해 나갈 수 있습니다.

⑦ 심화 읽기 및 발표 공유(수업 후 자율 활동)

심화 읽기 및 발표 공유 단계는 수업에서 필수 단계는 아니며 학생 선택에 따라 이루어집니다. 학습 진도 상황을 고려할 때 시간 확보가 어려운 현장 교실에서 이러한 방법을 활용해 보는 것이 가능합니다. 이 단계에서의 활동을 희망하는 학생의 경우 주제 통합 읽기 활동에서 시간이 부족하여 읽기 자료를 읽지 못했거나, 이해하지 못한 자료를 심화하여 읽을 수 있습니다. 이후 자신이 읽은 자료를 통합하여 이를 프레젠테이션으로 발표하거나 보고서로 제작하여 학생들에게 공유할 수 있지요. 아래 사진은 추가 읽기 활동을 진행한 뒤 보고서와 프레젠테이션을 제작하여 공유한 사례입니다.

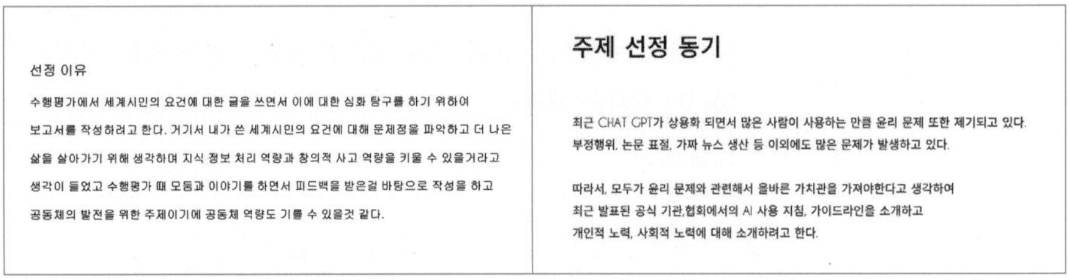

선정 이유

수행평가에서 세계시민의 요건에 대한 글을 쓰면서 이에 대한 심화 탐구를 하기 위하여 보고서를 작성하려고 한다. 거기서 내가 쓴 세계시민의 요건에 대해 문제점을 파악하고 더 나은 삶을 살아가기 위해 생각하며 지식 정보 처리 역량과 창의적 사고 역량을 키울 수 있을거라고 생각이 들었고 수행평가 때 모둠과 이야기를 하면서 피드백을 받은걸 바탕으로 작성을 하고 공동체의 발전을 위한 주제이기에 공동체 역량도 기를 수 있을것 같다.

주제 선정 동기

최근 CHAT GPT가 상용화 되면서 많은 사람이 사용하는 만큼 윤리 문제 또한 제기되고 있다. 부정행위, 논문 표절, 가짜 뉴스 생산 등 이외에도 많은 문제가 발생하고 있다.

따라서, 모두가 윤리 문제와 관련해서 올바른 가치관을 가져야한다고 생각하여 최근 발표된 공식 기관,협회에서의 AI 사용 지침, 가이드라인을 소개하고 개인적 노력, 사회적 노력에 대해 소개하려고 한다.

[그림 Ⅲ-1-6] 수업 후 심화 읽기와 발표 공유 예시

수업 진도 계획을 고려할 때, 7단계의 심화 읽기 활동에 대한 발표 시간은 지필고사 이후, 방학 전의 시간을 활용하면 유용해요. 학생들 또한 이 기간에 추가적인 읽기 활동을 진행함으로써 주제 통합을 심화하는 기회를 얻을 수 있어요. 보고서 제작의 경우 구글 클래스룸이나 수업 밴드를 활용하여 학생들에게 공유하게 하는 방법을 제안할 수 있습니다.

3) 학생 활동 결과물 예시

⑦ '세계시민으로 살아가기'의 내용 구성 활동

⊙ 주장, 근거 설정 및 내용 조직

대주제: 행복한 세계시민의 요건을 탐색하고 설득해 보자.

"행복한 세계시민이 되기 위해서 우리는 무엇을(하위 주제 선택) 어떻게(자료 탐색) 변화시켜 나가야 해!"

〈하위 주제 - 택 1〉

의료, 교육, 식량, 지자체, 기후변화, 평화 구축, 일자리, 경제, 안전, 주거, 기타(   ) 등

주장 설정		행복한 세계시민이 되기 위해서 우리는 의료체계를 변화시켜 나가야 한다.
근거 설정	근거 1	〈자료 유형〉 도서, 기사, 칼럼, 논문, 사전, 보고서, 영상, 블로그/카페, 기타( )
		〈자료 출처〉 김환웅. 코로나19로 인해 공공보건의료의 잠재적 문제점 현실화. 한의신문, 2020. 03. 20.
		〈근거의 내용〉 코로나19 대응 과정에서 축적된 경험을 차분히 반추해 우리나라 보건 의료 체계의 취약점 보완과 국민 건강 구현을 위한 계기로 삼는 것이 필요하다. 코로나19 감염병 위기 경보 수준이 심각 단계로 격상됐다. 해당 지역 일부에서는 보건 의료 자원 수용 한계를 넘는 확진 환자가 급증해 의료 인력과 병상 부족, 적시에 필요한 의료 서비스를 받지 못하는 상황이 펼쳐졌다. 응압 병상 수 확대를 의무화하거나 최소한 이동형 응압기를 일정 대수 이상 확보하도록 의무화해야 한다.

근거 2	〈자료 유형〉	
	도서, **기사**, 칼럼, 논문, 사전, 보고서, 영상, 블로그/카페, 기타(　　　)	
	〈자료 출처〉	
	김래영. 우리나라 보건 의료 체계의 가장 큰 문제는 지역 간 의료 불균형. 한의신문. 2020. 09. 01	
	〈근거의 내용〉	
	보건 의료 체계 개선을 위한 설문에서 우리나라 보건 의료 체계의 문제점에 대해 참여자의 44.1%가 '지역 간 의료 불균형'을 지적했다. 요양 기관 종별 구분 없이 동일 수가를 적용하면, 지방 병원은 인력을 고용할 수가 없다. 이를 막기 위해서는 공공 의대생이 아니라 공공 의료시설이 필요하다.	
근거 3	〈자료 유형〉	
	도서, 기사, **칼럼**, 논문, 사전, 보고서, 영상, 블로그/카페, 기타(　　　)	
	〈자료 출처〉	
	의료정책연구소. 한국의료제도의 문제점과 개선 방안. 2013.12.01	
	〈근거의 내용〉	
	'요양급여는 의료법에 따라 개설된 의료기관 등에서 실시한다.'라고 규정하고 있다. 의료계는 위 법 규정이 헌법상 직업의 자유 등을 침해하였다고 주장하면서 헌법 소원을 청구하였지만 헌법 재판소는 아래와 같은 이유를 들어 원고들의 삼판 청구를 기각했다. 직업 수행의 자유 관련 일부 의료기관을 요양 기관에서 제외할 경우 보험진료기관의 안정적 확보가 곤란하여 의료 보장 체계의 원활한 기능 수행에 차질을 빚을 우려가 있고 요양급여 비용의 선정과 비급여 의료 행위 등을 통해 의료기관 사이의 실질적인 차이를 일으킬 수 있다.	

| 내용
조직
하기 | 〈개요 작성 및 내용 구성〉

우리가 행복한 시민이 되기 위해서 어떻게 해야 할까? 나는 의료에 초점을 맞추려한다. 우리는 살아가면서 아프지 않은 적도 없고 아프지 않을 가능성도 없다. 그렇기에 우리는 의료에 대해 생각해 보아야 하는데 우리나라 의료의 문제점은 다음과같다.

첫 번째로 지역 간 의료 불균형이다. 설문을 통해 보았을 때 우리나라 의료체계의문제 중 국민 44%가 지역 간 의료 불균형을 꼽았다. 수도권 지역보다 지방의 병원들은 기피과를 유지하기 어렵고 시설도 부족하여 의사들이 선뜻 다가가기 어렵다.이렇게 불균형이 심화되면 수도권 지역에만 병원이 생기므로 지방에 있던 사람들도 수도권으로 모이게 된다. 그러면 수도권 인구가 집중이 되어 문제가 발생한다.그렇기에 우리는 지방 병원 공공 의료 시설을 설치하는 등의 조금 더 지방 병원이잘 운영될 수 있도록 노력해야 한다. |
| | 두 번째로는 전 세계가 코로나로 인해 어려움을 겪었었다. 그로 인해 공공 보건 의료 역시 잠재적 문제점이 현실화되었는데, 보건 의료 자원 수용 한계를 넘는 확진환자가 급증해 의료 인력과 병상 부족, 적시에 필요한 의료 서비스를 받지 못하는상황이 펼쳐졌다. 그렇기에 우리는 이와 같은 상황이 더 이상 안 일어나도록 의료체계를 바꾸어 나가야 한다.
+ 마무리/주장으로 마무리 |

ⓒ 본인 및 동료 피드백 활동

이름	점검 내용	그렇지 않다	조금 그렇지 않다	보통 이다	조금 그렇다	그렇다
본인	1. 주장을 명확하게 설정했는가?					○
	2. 타당하고 신뢰할 수 있는 자료를 찾았는가?		○			

		3. 논거에 부합하게 내용을 구성 및 조직하였는가?			○		
모둠원 1	○○○	1. 주장을 명확하게 설정했는가?				○	
		2. 타당하고 신뢰할 수 있는 자료를 찾았는가?					○
		3. 논거에 부합하게 내용을 구성 및 조직하였는가?					○
모둠원 2	○○○	1. 주장을 명확하게 설정했는가?					○
		2. 타당하고 신뢰할 수 있는 자료를 찾았는가?					○
		3. 논거에 부합하게 내용을 구성 및 조직하였는가?					○
모둠원 3	○○○	1. 주장을 명확하게 설정했는가?			○		
		2. 타당하고 신뢰할 수 있는 자료를 찾았는가?					○
		3. 논거에 부합하게 내용을 구성 및 조직하였는가?					○
보완이 필요한 사항	본인	근거를 좀 더 명확하게 해야 한다.					
	모둠원 1 ( )	수집한 자료는 좋지만 그에 대한 근거가 부족해서 아쉬웠다.					
	모둠원 2 ( )	분량이 많아 보이는데 이를 잘 정리하면 좋겠다.					
	모둠원 3 ( )	주장이 의도하는 바를 모르겠으며, 해결방안이 부족하다.					

© 피드백 보완 사항 정리 및 내용 조직 수정

모둠원 이름	내가 다른 모둠원에게 피드백 받은 보완 사항
○○○	근거가 부족하다. ⇨ 근거의 타당성을 추가할 필요
○○○	정리가 필요하다. ⇨ 내용을 정리할 필요
○○○	주장과 해결방안의 타당성 부족 ⇨ 주장과 해결방안 보완 필요
보완 사항을 반영하여 수정한 내용 조직	〈피드백 반영한 개요 작성 및 내용 구성〉 [서론] 행복한 세계시민이 되기 위해 우리나라 의료 문제에 초점을 맞춤 [본론] 첫째-지역 간 불균형: 수도권 지역의 병원보다 지방 병원의 시스템 불균형으로 인해 생기는 문제점/해결 - 지방 병원 공공의료 시설 설치 둘째-감염병으로 인한 의료체계 붕괴: 코로나19로 인한 환자들의 증가로 의료인력과 병상 부족 문제/해결 - 응압 병상 수 확대 의무화, 지방에서 일정 기간 근무하는 의사들 확보 셋째-비급여에 대한 문제: 비급여의 급여화가 과연 좋은 것인가에 대한 문제/해결 - 국가가 책임져야 할 법정 지원금을 확실하게 부담하거나 적정 부담하여 국민의 공감대 형성 필요, 이를 위한 국가 부담에 대한 동의 구하기 [결론] 의료 문제로 인해 현재 국민이 불편을 겪고 있음. 우리는 이러한 문제를 해결하면 한층 더 행복한 세계시민으로 살아갈 수 있을 것임.

4. '디지털 자료 엮어 읽기' 활동의 의미

 학생들의 목소리

"대 주제인 세계시민이라는 주제를 제시하고 그 주제 안에서 제가 관심 있는 부분을 연결할 수 있어서 좋았어요. 개인적으로 AI에 대한 관심이 많았는데 이거를 세계시민과 연결하기 위해 AI 윤리 문제에 대한 자료를 집중적으로 읽어 보았어요. 세계시민이라는 주제에서 제 진로와 관련된 세부 주제를 선택했기 때문에 자율탐구활동까지 할 수 있었고, 자율탐구 활동을 하느라 시간이 많이 걸렸지만 흥미를 가지고 끈기 있게 할 수 있었어요."

"이 자료는 출처를 표기할 때 도움이 많이 되었고 어떤 자료가 어떤 특성이 있는지를 알려줘서 이런 부분들을 알 수 있었어요. 또 전에는 자료를 어떻게 찾는지 몰라서 무작정 인터넷 검색창에서 찾아보고 논문 같은 거를 찾을 생각을 못했는데 이 안내 자료를 보고 그런 부분을 알 수 있게 되어서 좋았어요"

"모둠 피드백 활동에서 세계시민에 대해서 제가 미처 알지 못했거나 간과했던 부분에 대해 알게 되었어요. 친구들이 세계시민에 대해서 서로 다른 자료를 찾아 읽고 이것과 관련해서 어떻게 생각하는지 같이 볼 수 있어서 좋았어요. 모둠원이 세계시민에 대해서 서로 다른 하위 주제로 하다 보니까 세계시민의 다양한 내용에 대해 알 수 있어서 좋았어요."

본 수업은 '세계시민으로 살아가기'를 주제로 하여 학생들이 다양한 디지털 자료를 탐색하고 이를 이해하는 주제 통합 읽기 활동의 과정으로 진행되었습니다. 학생들은 다양한 교과에서 디지털 자료를 탐색하고 이를 자료로 선정하여 글로 작성하는 보고서 쓰기 활동을 수행하지만 디지털 자료의 유형과 특성 및 출처 기록에 대해 체계적으로 안내받지 못했다고 언급하였어요. 이러한 점에서 본 주제 통합 수업에서 안내된 디지털 읽기 자료의 유형 및 특성, 출처 기록 안내에 대한 정보는 '디지털 자료 엮어 읽기'를 좀 더 체계적, 명시적으로 교수학습하고 이를 바탕으로 학생들이 앞으로 신뢰성과 타당성 있는 디지털 자료를 탐색하고 활용하는 데 도움을 줄 수 있다는 점에서 의미가 있어요.

또한 본 수업은 '세계시민'에 대한 주제에서 학생들의 관심사를 고려한 세부 주제를 탐구하는 과정으로 이루어졌다는 점에서 학생들이 세계시민과 개인의 흥미 및 관심사를 연결할 수 있는 강점이 있어요. 학생들은 '세계시민의 요건'을 탐색하기 위해 자신의 관심사를 엮어 세부 주제를 선정하거나 새로운 세부 주제를 생성하기도 하였습니다. 이는 학생들이 본 수업에서 제시하지 않은 다양한 세부 주제를 제안한 것과도 관련됩니다. 본 수업에서는 '세계시민'의 하위 주제로 '의료, 교육, 식량, 지자체, 기후변화, 평화 구축, 일자리, 경제, 안전, 주거, 기타(   )'를 제시하였어요. 이 중에 하위 주제를 선정하여 자료를 탐구한 학생도 있었지만, '기타'에 해당하는 문화예술, 여가, 정치, 여성인권, AI와 같은 주제를 설정하고 이와 관련하여 세계시민의 요건을 탐구한 학생들도 존재했어요. 이에 따라 본 수업을 적용하면 '세계시민'이라는 대주제 아래에서 학생들이 자신의 관심 분야를 긴밀하게 관련짓고 이를 집중적으로 탐구할 수 있는 기회를 마련할 수 있을 것입니다.

마지막으로 동료 피드백 활동의 효과를 들 수 있어요. 학생들은 세계시민이라는 대주제 아래에서 친구들이 서로 다른 자료를 찾고 내용을 조직한 것을 함께 보면서 세계시민에 대해 다양한 시각을 가질 수 있었다고 응답했어요. 이는 동일한 주제 안에서도 서로 다른 다양한 관심사가 존재하고 이해하는 관점이 다를 수 있다는 것을 알 수 있는 기회를 마련한다는 점에서 의미가 있지요. 더불어 학생들이 동료 피드백 활동을 바탕으로 더 발전된 방향으로 내용 조직을 수정하고 추가 읽기 자료를 탐색하여 발표 활동 및 공유 활동까지 진행하였다는 점에서 '세계시민으로 살아가기' 수업은 학생들의 읽기 주도성을 신장하는 데에도 중요한 동기가 될 수 있을 것입니다.

[읽기 자료]

수업에 활용할 수 있는 읽기 자료

박순용·이경한·조대훈·함영기(2015), 『유네스코가 권장하는 세계시민교육 교수학습 길라잡이』, 유네스코 아시아태평양 국제이해교육원.

한경구·김종훈·이규영·조대훈(2015), 『SDGs 시대의 세계시민교육 추진 방안』, 유네스코 아시아태평양 국제이해교육원.

Baron, N. S. (2021), *How we read now: strategic choices for print, screen, and audio*. New York: Oxford University Press, 전병근 역(2023), 『다시, 어떻게 읽을 것인가: 종이에서 스크린, 오디오까지 디지털 전환 시대의 새로운 읽기 전략』, 서울: 어크로스.

참고 문헌

김종윤(2021), 「미래 사회 역량과 독서교육의 역할」, 『청람어문교육』 84, 청람어문교육학회, 93-117쪽.

김혜숙·신안나·김한성(2020), 『OECD PISA 2018을 통해 본 한국의 교육정보화 수준과 시사점』, 한국교육학술정보원.

손찬희(2022), 「교육의 디지털 전환, 아직도 선택의 문제인가?, KEDI 현안브리프」, 한국교육개발원.

옥현진(2012), 「디지털 시대의 읽기 능력」, 『새국어교육』, 22(4), 한국국어교육학회, 49-62쪽.

이순영(2010), 「디지털 시대의 청소년 독자와 비판적 읽기」, 『독서연구』, 24, 한국독서학회, 85-107쪽.

이순영(2019), 『청소년 독자의 정체성과 문식 활동』, 서울: 집문당.

우리 사회 불평등
- 디지털 도구를 활용한 온라인 기반 협력적 탐구

#불평등 #온라인 기반 협력적 탐구 #디지털 도구 #탐구 전략
#탐구보고서 #인포그래픽

1. 활동 소개

불평등은 현대 사회에서 시급히 해결해야 할 과제 중 하나입니다. 이는 경제 뿐만 아니라 교육, 젠더, 인종 등 다양한 형태로 우리 사회의 갈등을 야기하고 사회적 긴장을 불러오죠. 학생들이 불평등 문제에 대해 깊이 이해하고 문제 의식을 갖는 것은 사회의 구성원으로서 목소리를 내고, 자신의 권리를 찾고, 정의를 실현할 수 있는 시민으로 성장하는데 매우 중요합니다. 나아가 학생들에게 다른 문화와 배경을 이해하고 존중하는 태도를 함양시켜, 보다 포용적이고 다양성을 존중하는 사회를 만드는 데 기여할 수 있겠죠.

이를 위해 본 활동에서는 '불평등'이라는 학급 주제를 바탕으로 모둠원이 스스로 탐구 문제를 선정하고 온라인 공간에서 디지털 도구를 활용하여 협력적으로 이를 해결해 나가도록 구성하였습니다. 이미 많은 학생들이 온라인 공간에 익숙하고, 일상에서 디지털 도구를 사용하고 있지만 온라인 탐구 활동은 방대한 온라인 정보 속에서 문제 해결에 필요한 자료를 찾고 구조화해야 한다는 점에서 결코 쉬운 과제가 아니죠. 본 활동에서 학생들은 자신의 문제 의식을 담아 탐구 질문을 구체화하고, 온라인 검색과 출처 평가를 통해 다양한 정보를 탐색합니다. 또, 모둠원들과 협력하여 탐구 질문을 해결하는 데 도움이 될 자료들을 구조화하는 활동도 수행하죠. 이러한 온라인 기반 협력적 탐구를 지원하기 위해 교사는 각 활동을 상세하게 세분화하고 필요한 전략을 안내해야 합니다. 또, 다양한 디지털 도구를 적극적으로 사용하여 논리적인 사고를 촉진하고 모둠원들 간의 원활한 의사소통도 지원해야 합니다. 본 활동에서는 이를 위해 다양한 자료들과 전략들을 제시하고 교사가 사용할 수 있는 디지털 도구들도 소개하고 있습니다. 디지털 도구는 학생들의 활동 뿐만 아니라 교사의 피드백과 교육 활동에 대한 기록 또한 도울 수 있습니다.

• 불평등

불평등은 유엔의 지속 가능한 발전 목표(SDGs:Sustainable Development Goals) 중 하나로서 인류의 보편적 문제이자 지속적인 논의점이기도 하지요. 교육적 의미가 크고, 각 교과에서 하나의 주제로 통합하여 접근하기 적절합니다. 게다가 국가 간에도 또 국가 내에서도 다양한 불평등이 존재하고 있어 학생들이 자신의 관심사나 진로에 맞춰 탐구 활동을 수행하기에도 적합합니다.

• 온라인 탐구 활동

학생들의 탐구 활동은 온라인에서의 자유로운 정보 검색과 이해, 정보의 구조화를 중심으로 이뤄집니다. 학생들에게 상당한 주도성이 요구되는 과제로, 학생들이 큰 흥미를 느낄 수도 있지만 방대한 정보와 해결해야 할 문제들 사이에서 길을 잃거나 어려워서 중도 포기하는 경우가 생길 수 있어요. 이를 위해 '탐구 주제 설정', '정보 통합'과 같이 학생들이 어려움을 느끼는 각 단계들을 세분화하고 학생들이 적용할 수 있는 전략들을 제시하였어요. 물론 이를 지원할 수 있는 교사 가이드를 함께 수록했습니다.

• 협력적 의사소통과 디지털 도구

온라인 탐구 활동은 자신의 탐구 목적에 맞춰 다양한 정보를 통합하는 복잡다단한 활동입니다. 학생 개인이 혼자 활동을 진행하기에 어려움이 많다고 느껴지는 경우, 교사는 모둠 구성을 통해 협력적 읽기로 주제 통합 수업을 진행해 볼 수 있습니다. 본 수업에서는 공통 관심사를 중심으로 모둠을 형성하여 함께 탐구 목적을 설정하고, 온라인 탐구의 전 과정을 진행하였습니다. 이를 지원하기 위해 학생들의 협력적 반응 공유 및 협력적 아이디어조직을 지원하는 디지털 도구를 선정하여 사용했어요.

2. 준비물

읽기 자료, 디지털 도구 및 디지털 앱, 활동지

1) 읽기 자료

본 수업은 학생들이 자신의 탐구 주제에 맞춰 온라인에서 정보를 탐색하고, 읽고, 통합하는 활동이 중심이기 때문에 대부분의 읽기 자료는 학생들 스스로 선정하게 됩니다. 다만 본격적인 탐구 활동에 앞서 학급의 대주제인 '불평등'에 대한 기본 관점을 학급 전체가 함께 생각해보고 의견을 공유할 수 있는 시간이 필요했어요. 이 '관점 공유하기' 시간을 위해 미리 활동에 적절한 읽기 자료를 교사가 준비했습니다. 디지털 앱을 사용한 협력적 반응 공유 읽기를 위해 마이클 샌델의 '정의란 무엇인가'에서 학생들과 논의하기 적절한 부분이라고 생각되는 일부를 발췌하고,

PDF로 변환하여 제공했어요.

ㄹ) 디지털 도구 및 디지털 앱

학생들이 온라인 공간에서 탐구 활동을 수월히 진행할 수 있도록 디지털 환경을 조성하고 디지털 앱을 준비했어요. 수업 전 모든 학생들이 교육용 구글 아이디를 제공받고, 구글 클래스룸에 배정되었습니다. 구글 클래스룸은 과제를 배정하고 저장하기 편리한데다 링크를 공유하기 수월해서 사용하였지만 구글 클래스룸을 사용하지 않아도 활동을 진행하는 데에 어려움은 없어요. 학생들은 컴퓨터실에서 수업을 진행해서 개인별 컴퓨터를 사용할 수 있었지만 원활한 의사소통을 위해서는 태블릿 피시, 노트북도 좋습니다. 수업에서는 4개의 디지털 앱(Lumin PDF, miro, Google Docs, Canva)을 사용했는데 모두 무료로 사용 가능해요.

3) 활동지

학생들의 활동에 필요한 안내 및 활동지들은 모두 앱을 통해 제공되었어요. 하지만 지면의 특성상 책에서는 가독성을 위해 일부 편집되어 제시되었습니다.

3. 주제탐구독서 활동 과정 자세히 보기

1) 활동 개요

[그림 Ⅲ-2-1] '디지털 도구를 활용한 온라인 기반 협력적 탐구' 활동 개요

① 학급 공통 도서 읽기

주제에 대한 권위있는 학자의 관점이 드러나는 글을 읽고 학급이 공통적으로 공유하는 관점을 형성하는 단계입니다. 학생들은 제시된 관점을 긍정할 수도, 부정할 수도 있어요. 이를 토대로 향후 단계에서 자신의 진로 및 관심사를 반영하여 세부 주제를 형성합니다. 학급 공통 도서 읽기는 한 권을 온전히 읽어내야 하는 활동은 아니에요. 학급의 공통 주제에 대한 관점을 형성하기 위한 자료이자, 협력적 읽기 활동을 위한 자료로 활용되었기 때문에 짧은 글이어도 무방합니다.

② 모둠 탐구 주제 형성하기

학생들은 '불평등'이라는 주제를 바탕으로 자신들의 탐구 주제를 형성해야 합니다. 온라인의 다양한 글을 읽고 스스로 문제를 해결해야 상황에서 탐구 질문은 이 과정의 길잡이가 되겠죠? 따라서 탐구 주제와 하위 질문을 구체적으로 형성하는 과정이 필수적이에요. 본 수업에서는 키워드 생성 전략, 핵심 아이디어 구성 전략, 탐구 질문 형성 전략을 제시해서 학생들이 자신의 탐구 주제를 구체적으로 형성할 수 있게 지원합니다.

③ 협력적 온라인 탐구 활동

학생들은 모둠에서 형성한 탐구 주제를 바탕으로 정보를 검색 및 선정하여 협력적으로 정보를 구조화하고 통합하는 활동을 합니다. 이때 학생들이 온라인에서 효과적으로 조사 할 수 있도록 검색 방법, 출처 평가 전략들을 제시했어요. 또 정보를 협력적으로 조직할 수 있도록 디지털 앱에서의 템플릿, 전자 포스트잇, 댓글을 이용한 구조도 그리기 활동을 진행했습니다.

④, ⑤ 모둠 탐구 보고서 및 인포그래픽 작성

학생들은 온라인 탐구 활동에서 작성한 구조도를 활용하여 협력적 쓰기 활동을 수행합니다. 보고서를 작성한 후에는 중심 내용을 시각화 하는 인포그래픽을 만들었어요. 이후 발표를 진행하였는데, 발표 양식은 수업 시간에 따라 자유롭게 변형이 가능합니다.

ㄹ) 활동 과정 자세히 보기

<표 Ⅲ-2-1> '디지털 도구를 활용한 온라인 기반 협력적 탐구' 활동 상세 내용

활동	교사가 하는 일	학생이 하는 일	디지털 앱	시간
학급 공통 도서 읽기	• 활동 계획 및 디지털 도구 사용 방법 안내 • 읽기 목표 제시 • 협력적 읽기 방법 지도 • 읽기 반응에 대한 피드백 제공	• 읽기 목표 해결을 위한 협력적 읽기 • 주제에 대한 기존의 관점 파악하기	Lumin PDF	2차시
탐구주제 형성	• 키워드 생성 전략 지도 • 핵심 아이디어 구성 전략 지도 • 탐구 질문 형성 전략 지도	• 관심 키워드 형성하기 • 핵심 아이디어 형성하기 • 탐구 질문 구성하기	miro	1차시
*온라인 탐구활동	• 검색 전략, 출처 평가 지도 • 협력적 정보 통합 및 구조화 방안 지도	• 온라인에서 탐구 질문 해결하기 • 정보 정리하기 • 정보 연결하기		2차시
보고서 인포그래픽 작성	• 보고서 하위 내용 안내 • 보고서 쓰기 지도 • 인포그래픽 만들기 지도	• 탐구 보고서 작성하기 • 인포그래픽 작성 및 발표하기	Google Docs	2차시
			Canva	1차시

(* 표시된 부분: 주제 통합적 읽기가 가장 활발하게 일어나는 활동)

수업은 고등학교 2학년 자율교육과정 운영 기간 동안 이뤄졌습니다. 50분 단위 수업 8차시에 걸쳐 진행되었는데 학생들의 수준, 결과물, 세부 주제에 따라 활동 시간은 조정이 가능해요. 본 수업에서는 협력적 탐구 활동의 준비 단계로서 학급 공통 도서 읽기를 진행했지만 학생들의 배경 지식이 충분하거나, 타 교과와의 연계가 이루어진다면 생략이 가능하겠죠. 또 활동 결과물로서 보고서 쓰기와 인포그래픽 만들기 중 한 가지만 선택하여 진행해도 무방하기 때문에 4차시만으로 진행이 가능한 수업 구성입니다.

◎ 수업 준비

• 학급 공통 도서 읽기 자료 준비: PDF 파일 만들기[1]

학급 공통 도서 읽기는 디지털 앱을 통해 읽기 반응을 공유하기 때문에 읽기 자료를 PDF 형식으로 준비하는 사전 작업이 필요합니다. '텍스트 추출' 기능을 활용하여 인쇄 텍스트에서 텍스트를 추출하면 긴 시간을 들이지 않고 디지털 텍스트로의 전환이 가능합니다. 디지털 기반 읽기 반응 공유를 통해 학생들은 자신의 디지털 텍스트에서 친구들이 작성한 메모를 읽을 수 있고, 자신의 반응도 공유할 수 있습니다. 또 토론과 같은 과정을 따로 두지 않기 때문에 시간을 효율적으로 사용하면서도 좀 더 텍스트에 집중할 수 있습니다. 이를 통해 학생들은 긴 텍스트 읽기에 흥미를 느끼고, 자신이 탐구할 주제에 관한 이해도 높일 수 있을거라 기대됩니다. 물론 학급 공통 도서 읽기 활동은 기존의 포스트잇과 같은 도구를 사용하여 인쇄 텍스트로도 충분히 진행이 가능해요.

• 디지털 앱 설치하고 활동지 배부하기

본 수업에서 사용한 디지털 앱은 설치가 간단하면서도 학생들의 활동을 지원한다는 점에서 상당히 유용합니다. 수업에서는 Lumin PDF, miro, Google Docs, Canva

---

1   교육부(2013)에 따르면 수업중 수업 목적 달성에 필요한 저작물은 사전 허락 없이 이용할 수 있도록 허용하고 있지만, 책 전체의 내용을 인용하거나, 외부로 자유롭게 배포되어서는 안된다. 따라서 PDF로 만들 경우 학습에 필요한 일부 내용을 학생들만이 접근할 수 있고, 자유롭게 배포되지 않도록 유의해야 한다.

를 사용했어요. Google Workspace Marketplace[2]에서 본 수업에서 사용한 앱들 외에도 다양한 교육용 앱을 만나볼 수 있고, 인기 차트를 살펴보면 유용한 교육용 앱들을 추천받을 수도 있어요.

• 활동 자료 배부 방법

○ 구글 클래스룸: 구글 클래스룸에 각 활동지 링크를 모둠별로 부여합니다.

○ 링크 주소 보내기: 각 앱이 생성한 공유 링크를 바로 학생에게 보냅니다.

○ QR 코드: 학생들과 소통하는 온라인 공간이 없다면, 각 링크를 QR코드로 변환하여 학생들에게 제시할 수 있습니다.

○ 디지털 앱을 사용하여 모둠별로 협력 활동을 할 때에는 활동할 텍스트나 템플릿 등 모둠별 파일을 만들어서 배부해야 모둠내에서만 공유하여 협력적 활동을 수행할 수 있습니다. 학급 전체의 활동일 때는 하나의 파일을 학급 전체에 배부해야 합니다. 함께 협력할 인원별로 배부해야 한다는 것을 잊지마세요.

• 모둠 구성: 진로 맞춤 구성

모둠 구성에 정답은 없지요. 과제에 따라, 학급 분위기에 따라, 활동에 따라 매번 효과적인 모둠 구성은 달라질거예요. 본 수업에서는 주제를 중심으로 모둠을 구성해 보았습니다. 온라인 기반 탐구 수업은 하나의 주제에 대해 장시간 깊게 읽고 쓰는 활동입니다. 주제에 대한 흥미가 지속적으로 뒷받침되지 않으면 학생들의 참여가 어렵고, 학습 효과를 장담할 수도 없겠죠. 학생들의 추천으로 모둠장을 먼저 선정하고, 관심 분야가 비슷하면서 함께 진행 할 수 있는 모둠원을 선발할 권한을 부여했습니다. 긴 호흡의 수업에서는 모둠장과 모둠장을 지원할 학생이 있을 때 모

---

2   https://workspace.google.com/marketplace

둠 활동이 수월해진다는 생각에서 고안한 방법입니다.

고등학생들에게는 다양한 교과에서 자신의 진로와 연계된 활동을 하는 것이 중요하죠. 모둠장과 모둠원 한명이 구성되면, 관심 분야 키워드를 세 개 선정하게 합니다. 그리고 이 관심 분야 키워드를 보고 나머지 학생들이 자신이 참여하고 싶은 모둠에 지원을 했습니다. 물론 세부 주제는 모둠원이 모두 구성되면 협의하에 선정하게끔 지도하였습니다.

<표 Ⅲ-2-2> 역할 부여

역할명	역할
모둠장	전체 진행 총괄
출처평가자	모둠원들이 제시하는 자료 출처의 신뢰성 확인하기
반대 관점자	모둠원들이 편향된 관점의 자료만 가져오지 않는지 확인하기
글 생성자	모둠의 전체 입장을 대변하는 글 작성하기

☞ 위의 역할은 특히 강조되는 역할일 뿐 모든 모둠원들은 탐구 활동을 수행하면서 출처를 평가하고 자신의 관점이 편향되지 않았는지 질문해야 합니다. 글 생성자의 경우 전체 텍스트 생성의 책임을 한 명에게 지운다기보다 글의 방향이나 글의 큰 틀을 작성해서 다른 친구들이 쉽게 텍스트를 작성할 수 있도록 모둠을 이끄는 역할에 가깝습니다.

① 학급 공통 도서 읽기

㉠ 개인 읽기: 학급 공통 텍스트 따로 또 함께 읽기
학생들은 관심사에 맞춰 세부 주제를 선정하고 탐구하는 활동에 앞서 학급 주

제인 '불평등'에 대해 이해하고, 자신만의 관점을 세우기 위한 선행 활동을 합니다. 공통 텍스트 읽기는 개인 읽기지만, 읽기 과정 중에 친구들의 읽기 활동을 확인하고 소통할 수 있도록 Lumin PDF[3] 디지털 앱을 활용하여 읽기 반응 공유 방식으로 진행했어요.

【디지털 도구 사용 안내: Lumin PDF】

- 특징: PDF를 읽을 수 있으며, 공유 기능을 통해 동시에 같은 PDF를 읽고 반응을 남기는 기능들의 사용이 가능함.
- 학생 사용 기능: 텍스트에 하이라이트, 주석, 밑줄, 글자쓰기, 도형, 그림 삽입이 가능함.
- 교사에게 유용한 기능
  ◦ 학생들 반응 확인: 노트 아이콘을 클릭하면 개별 학생의 밑줄, 하이라이트, 주석 등의 반응을 확인할 수 있으며, 노트를 누르면 해당 페이지를 바로 볼 수 있고 반응에 대한 피드백을 바로 할 수 있음.

먼저 교사는 자신이 만들어둔 PDF를 Lumin PDF에서 열고, 공유 기능을 사용하여 학생들에게 링크를 배부합니다. 그리고 읽기 목표를 제시해 줍니다.

<표 Ⅲ-2-3> 공통 텍스트 읽기 목표 안내

- 분배에 대한 작가의 관점과 그 근거는 무엇인가? - 분배의 정의가 이뤄지지 않는 불평등에 대해 작가가 제시하는 방안과 그 근거는 무엇인가?

---

3   https://www.luminpdf.com/

- 분배의 정의를 이루기 위한 기존의 관점과 이에 대한 작가의 입장은 무엇인가?

학생들은 읽기 전 디지털 앱의 기능에 대한 설명을 간단히 듣고, 텍스트를 읽으면서 읽기 목표를 성취하기 위한 다양한 반응을 남깁니다.

<표 Ⅲ-2-4> 친구와 반응 공유를 위한 개인 읽기 안내

- 읽으면서 중요한 내용, 읽기 목표와 관련된 내용에 밑줄 긋기
- 읽으면서 나누고 싶은 생각이나 자신의 통찰이 있는 포인트에 메모 붙이기
- 이해가 어려운 내용에 질문의 메모 붙이기

학생들은 교사가 모둠별로 나눠준 링크에 접속하여 PDF 형식의 도서를 읽고 교사의 안내에 따라 읽으며 다양한 반응들을 남겼어요. 자신이 중요하다고 생각하는 부분에 밑줄을 긋거나, 자신의 생각이나 통찰을 남기고 싶으면 메모를 남겼습니다. PDF로 학급 공통 텍스트를 읽으면서 같은 링크를 공유받은 학생들은 실시간으로 친구들의 이러한 반응을 확인할 수 있어요. 친구들의 반응에 서로 댓글이나 이모티콘을 작성면서 의견을 공유하면 개인이 읽지만 모둠원들과 소통하며 협력적으로 읽기가 가능한거죠.

부유한 가정에서 태어나는 것이 우연이듯, 빠른 주자가 되는 것 역시 도덕적 관점에서 볼 때 우연이다. 롤스는 이렇게 썼다. 능력주의 시스템이 "사회적 우연의 영향을 완전히 제거한다 해도, 타고난 능력과 재능에 따라 부와 소득의 배분이 결정되는 상황은 여전하다."

롤스가 옳다면, 교육 기회가 균등한 사회에서 운용되는 자유 시장도 소득과 부를 공정하게 배분하지 못한다. 이유는 이렇다. 타고난 운에 따라 배분되는 몫이 결정된다. 그리고 이러한 결과는 도덕적 관점에서 볼 때 임의적이다. 소득과 부의 배분이 역사적 사회적 행운으로 결정되어서는 안 되듯이, 타고난 자질에 따라 결정되어도 좋을 이유는 없다."

롤스는 능력주의 정의 개념 역시 자유지상주의 개념과(비록 정도는 약하지만) 같은 이유로 결함이 있다고 결론 내린다. 둘 다 배분되는 몫이 도덕적으로 볼 때 임의적인 요소에 의해 좌우되기 때문이다. 정의에 관한 자유시장주의 개념과 능력주의 개념에서 모두 발견되는 도덕적 임의성이라는 결함을 감안하면, 평등을 보다 강조하지 않는 개념에는 결코 만족할 수 없다고 롤스는 주장한다. 그렇다면 평등을 보다 강조하는 개념은 무엇일까?

[그림 Ⅲ-2-2] 학생들의 읽기 반응 공유

학생들이 읽기 활동을 수행할 때 교사는 학생들의 다양한 반응들을 확인할 수 있어요. 본문의 밑줄이나 메모에 마우스 커서를 가져가면 어떤 학생이 작성한 반응들인지 이름이 떠요. 또, 메뉴창에서 📃 [Comments history(댓글 목록)]나, 📄 [Notes(기록 목록)]을 눌러 학생들의 전체적인 반응을 확인할 수도 있어요. 학생들의 읽기 활동을 세밀히 관찰할 수 있기 때문에 학생들의 읽기 중 어려움을 파악하고 피드백하기 수월하죠. 기록으로 남길 수 있어 세부특기사항과 같이 학생들의 읽기 활동을 공식적으로 작성할 때 근거 자료로 활용하기도 좋아요.

<표 Ⅲ-2-5> 학생들의 읽기 과정 지원

- 학생들이 어려워하는 문장 파악하고 설명 메모 붙여주기
- 중요한 문장이지만 학생들의 밑줄이 없는 문장들은 놓치지 않도록 밑줄 긋고 중요 표시 해주기
- 학생들의 반응이 많은 문장이나 문단은 함께 반응 나누기

학생들은 공통 텍스트를 친구들과 협력적으로 읽으면서 불평등에 대한 기존의

관점을 이해할 수 있고 이에 대한 개인, 모둠별 관점에 대한 이야기를 나눌 수 있습니다. 이렇게 만들어진 학급에서의 다양한 관점들은 이후 주제 탐구 수업을 하면서 우리 사회 불평등을 바라보는 각자의 기본 관점을 만들어줍니다.

▷ Lumin PDF를 활용한 읽기 반응 공유 활동 후기

◦ 읽는 시간이 길어서 힘든데, 친구들이 읽으면서 무슨 생각을 하는지 바로 볼 수 있으니까 그런게 좋았던 것 같다.

◦ 이게 이해하기가 좀 어려웠는데, 친구들이 웃긴 말로 쉽게 설명해 놓은걸 보니까 좋았던 것 같다.

◦ 도움되는 것도 있지만 장난치는 친구들이 글에다가 다른 소리 써놓고 낙서하니까 방해도 좀 됐던 것 같다.

☞ Lumin PDF를 사용하면 텍스트에 대한 친구들의 반응을 실시간으로 볼 수 있어요. 학생들은 친구들의 반응에 즐거워했지만, 댓글이나 밑줄로 장난을 치는 친구들도 있기 때문에 수업 활동에 방해가 될 수 있습니다. 이런 경우 교사가 실시간으로 방해 행동을 제지하거나 낙서를 지워야 하는 번거로움이 있습니다. 이를 방지하고 학생이 읽는 동안 텍스트에 온전히 집중하게 하고 싶다면, 서로의 반응을 공유하는 시기를 읽은 후로 설정할 수 있어요. 앱 화면의 오른쪽 상단에 있는 반응 공유 연동 버튼(Auto Sync)을 누르는 시점을 조절하여 처음부터 연동으로 설정할 수 있고 설정한 시간이 지난 후 연동하게 할 수 있어요.

[그림 Ⅲ-2-3] Lumin PDF에서 공유 기능 조절

ⓒ 모둠 확인: 공통 읽기 내용 모둠 별로 정리

학생들은 글을 읽고 자신들이 적었던 반응들과 친구들의 반응을 참고하여 '불평등'이라는 주제에 대해 사회의 저명한 학자가 어떤 관점을 갖고 있는지 이해하고 정리하는 활동을 수행했습니다. 본 수업에서는 학생들이 온라인에서 의견을 나누고 정보를 통합하는 모든 활동은 miro 앱을 사용했어요.

【디지털 도구 사용 안내: miro[4]】

- 특징: 협업을 지원하는 기능이 다양하며, 생각을 시각화 할 수 있는 기능 및 템플릿을 제공함
- 학생 사용 기능: 텍스트 작성, 포스트잇, 도형, 댓글 등의 작성이 가능함
- 교사 사용 기능
  ◦ 포스트잇 분류 기능: 학생들이 자유롭게 작성한 포스트잇은 포스트잇 색깔, 태그, 작성자, 키워드, 반응에 따라 자동분류가 가능함
  ◦ 포스트잇 내보내기 기능: 학생들이 작성한 포스트잇 내용을 원하는 대로 정렬하여 excel형식으로 내보내기가 가능함. 학생별로 어떤 내용을 작성했는지 문서화하고 정리할 수 있어 학생들의 활동을 평가하고 평가 근거를 정리하기 수월함

---

4   https://miro.com/index/

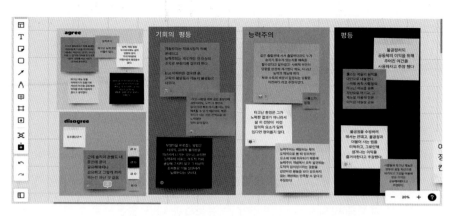

[그림 Ⅲ-2-4] 학생들이 miro 앱을 사용하여 정리한 내용

ⓒ 학급 확인: 주제에 대한 학급 전체의 관점 공유 및 교사의 설명

학생들은 모둠별로 텍스트를 읽고 '불평등'을 바라보는 관점을 정리하고, 이러한 작가의 관점에 대해 동의하는지, 혹은 동의하지 않는지 그리고 그 근거를 정리하여 발표하는 시간을 가졌어요. 이렇게 학급 전체가 '불평등'에 대한 작가의 관점에 대해 논의하고 입장을 정리하는 활동을 수행함으로써 거시적인 관점에서 문제를 분석하고 해결 방안을 마련할 수 있는 기반을 마련할 수 있었습니다.

<표 Ⅲ-2-6> 발표자 및 청중의 활동 안내

〈발표자〉 모둠원이 정리한 내용 근거를 들어 발표하기
〈청중〉 발표 모둠의 miro 링크에 들어가서 친구들이 작성한 메모지에 반응 남기기
　　　- 좋은 아이디어에 긍정의 이모티콘 붙이기
　　　- 이해되지 않는 의견에는 질문 남기기

<표 Ⅲ-2-7> 교사의 마무리 피드백

- 불평등에 대해 우리 사회가 주목하는 학자의 의견 정리하기
- 읽은 텍스트에서 드러나는 관점에 대해 각 모둠의 관점 정리하기

교사는 학생들에게 발표자와 청중이 해야 할 역할을 안내하였고, 학생들의 조별 발표가 마무리되면 불평등에 대한 학자의 의견과 이에 대한 각 조의 관점을 정리하여 자신들의 관점을 바탕으로 탐구 주제를 형성하는 다음 활동으로 이어질 수 있도록 했습니다.

② 탐구 주제 형성하기

과제가 구체적이고 학습 목표가 뚜렷할수록 학생들은 자신들이 무엇을 성취해야 하는지 분명히 알 수 있고 자신의 학습을 조절하고 계획해 나갈 수 있겠죠. 주제 탐구 활동에서 학생들은 자신의 탐구 주제를 스스로 결정하고 탐구 계획을 설정해야 하기 때문에 마치 스스로 과제를 만드는 것과 같은 막연함을 느끼기 쉬워요. 스스로 탐구해 본 경험이 부족하고 주도성이 낮은 학생들은 더욱 어렵겠죠. 교사는 학생들이 정교화된 가이드에 따라 탐구질문을 형성할 수 있도록 적극적으로 피드백을 제공해야 합니다. 방대한 정보가 넘쳐나는 온라인 공간에서 탐구 질문은 학생들의 탐구 활동을 안내하는 등대와 같습니다. 구체적이고 명확한 목적을 제시하는 탐구 질문은 학생들의 정보 검색과 선정의 가이드가 될 거예요.

1단계	흥미로운 주제를 선택한다.
2단계	관심있는 주제에 대해 예비 조사를 한다. : 주제에 관해 빠른 검색을 수행하여 이미 알고 있는 정보를 확인하고 초점을 좁힌다.
3단계	탐구 질문 아이디어 형성하기 [분석적 질문을 생성해내는 방법] 설득력이 없어 보이는 견해를 읽었을 때, 무엇이 빠졌는지 또는 증거가 어떻게 재검토 할 수 있는지 생각해보기 증거 간 불일치, 공백 또는 모호함을 발견한 경우 그것이 기존의 주제에 대한 이해를 어떻게 변화시키는지 생각해보기 더 많은 관심을 기울일 가치가 있다고 생각되는 주제에서 예상치 못한 문제를 발견하고 이에 대해 생각해보기 합당하지 않다고 생각하는 예상치 못한 결론을 발견했을 때, 정보 작성자가 어떻게 그러한 결론에 도달했는지 따져보기 해결해야 한다고 생각하는 논란을 식별하고 이를 어떻게 해결할 수 있는지 질문하기 무시되었다고 생각하는 문제를 발견하고 이를 해결하려고 시도하거나 무시된 이유생각해보기 좀 더 자세히 살펴볼 필요가 있다고 생각되는 증거를 발견하고 이에 대해 의문을 제기하기
4단계	'어떻게', '왜', '무엇을' 등을 사용하여 개방형 질문을 만든다.

---

5   국제 바칼로레아 고등과정의 확장된 에세이 작성 참고 자료, 조지 메이슨 대학교 글쓰기 센터와 하버드 대학 글쓰기 센터의 글쓰기 참고 자료를 재구성함(George Mason University Writing Center, 2018 ; Harvard College Writing Center, 2023; IBO, 2023)

구성한 질문을 평가하여 해당 질문이 효과적인 연구 질문인지, 아니면 더 수정하고 다듬어야 하는지 판단한다. 질문을 평가하기 위해 좋은 탐구 질문의 특성을 고려한다.

[좋은 탐구질문의 특성]

5단계		
	명확성	추가 설명 없이도 청중이 쉽게 목적을 이해할 수 있을 만큼 구체적인 내용을 충분히 제공한다. 연구 질문이 분명한가? 특정 주제에 대해 이용할 수 있는 연구가 너무 많기 때문에, 작가가 자신의 연구를 방향을 정하는 데 효과적으로 도움이 되려면 연구 질문이 최대한 명확해야 한다.
	초점화	쓰기 과제가 허용하는 시간 내에서 철저하게 답변할 수 있을 만큼의 범위로 좁혀서 설정한다. 연구 질문에 초점이 맞춰져 있는가? 연구 질문은 사용 가능한 공간에서 잘 다루어질 수 있을 만큼 구체적이어야 한다.
	간결성	가능한 가장 적은 단어로 압축해서 표현한다.
	복잡성	단순히 "예" 또는 "아니요"로 대답할 수 없으며, 답변을 구성하기 전에 아이디어와 출처를 종합하고 분석해야 한다. 연구 질문이 복잡한가? 연구 질문은 단순한 "예" 또는 "아니요" 또는 쉽게 찾을 수 있는 사실로 답할 수 있어서는 안된다. 질문은 종종 "어떻게" 또는 "왜"로 시작한다.
	논쟁적	잠재적인 답변은 널리 알려진 일반적이고 확정적인 사실보다는 논쟁적인 경우가 많다.

본 수업에서는 위의 5단계를 3단계로 수정하여 3단계를 설정하였습니다. 1단계는 주제 선정 단계로, 본 수업에서는 '관심 키워드 적기'입니다. 2단계는 '핵심 아이디어 적기' 단계로 생성한 키워드를 바탕으로 자신의 문제 의식을 형성하는 단계입

니다. 3단계는 주제에 대한 문제 의식을 탐구 질문으로 표현해내는 '탐구 질문 적기' 단계입니다. 각 단계는 절차적으로 구분되어 있을 뿐 학생들은 각 단계에서 이전 단계로 회귀하여 얼마든지 자신의 생각을 수정할 수 있습니다. 아래는 이러한 단계를 miro 앱을 통해 학생들에게 템플릿으로 제시한 화면입니다.

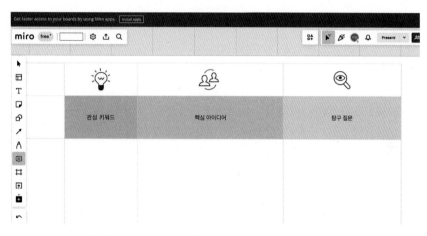

[그림 Ⅲ-2-5] miro를 활용하여 학생들에게 제시된 템플릿

㉠ 관심 키워드 적기

학생들은 먼저 각자의 관심 키워드를 적고 모둠원들과 서로의 관심사를 확인한 후 중심 키워드들을 선정합니다.

<표 Ⅲ-2-9> 관심 키워드 생성 전략 안내

- 처음 모둠을 형성할 때 결정했던 핵심 키워드(진로) 세 가지 적어보기
- 핵심 키워드 중에 한 가지를 선택하고 관심 있는 하위 키워드 자유롭게 적어보기
- 모둠원들과 서로 하위 키워드에 대한 의견 나누고 가장 관심 있는 키워드 선정하기

순차적인 활동을 안내하기 위해 본 수업에서 탐구 주제를 형성하는 단계와 온라인에서 정보를 조사하는 단계가 구분되어 있지만, 실제 학생들의 활동에서 이 단계들은 순환적으로 이뤄집니다. 즉, 학생들은 백지 상태에서 자신의 탐구 주제를 형성하는 것이 아니라 자신의 관심사와 학급 공통 텍스트를 읽은 배경 지식을 바탕으로 온라인에서 다양한 정보를 읽고, 탐구해야 할 주제를 찾습니다. 따라서 학생들 중 키워드 적기를 어려워 하는 학생에게는 온라인 검색을 통해 키워드 생성이 가능하다는 것을 알려주고 전략을 지도합니다.

<표 Ⅲ-2-10> 키워드 설정을 어려워 하는 학생들을 위한 키워드 생성 전략 안내

- 하위 키워드 설정이 어려울 땐 '불평등'과 '핵심 키워드(진로)'를 사용하여 검색하기
- 핵심 키워드와 불평등을 포함하는 정보들을 읽으면서 '하위 키워드' 설정하기
- 예시: '불평등'과 '의료'를 검색어로 설정하면 '소외 지역의 건강 불평등'과 같은 블로그 제목이나, '아동 치아 건강마저 빈부격차'와 같은 기사들을 찾을 수 있는데 이를 바탕으로 '건강 불평등'이나 '건강'과 '빈부격차'와 같은 하위 키워드들을 만들 수 있어요.

ⓒ 핵심 아이디어 적기

핵심 키워드 선정이 끝나면 이와 관련한 학생들의 관심사와 문제 의식, 학급에서 읽은 전체 텍스트의 관점을 적용해 떠오르는 아이디어를 적는 활동을 합니다.

<표 Ⅲ-2-11> 핵심 아이디어 구성 전략 안내

- 키워드에 대한 자신의 문제 의식 한 문장으로 적어보기
- 학급에서 함께 읽은 텍스트의 관점을 키워드에 적용했을 때 떠오르는 아이디어 적

이 단계에서 학생들이 평소 자신의 문제 의식이나 사전 지식만으로 아이디어를 구성하기 어려워한다면 예비 조사를 수행할 수 있습니다. 탐구 질문에 대한 온라인 조사 뿐만 아니라 탐구 질문을 형성하기 위한 온라인 예비 조사를 수행하는 거죠. 이때 학생들에게 제시해 줄 전략은 위의 표 〈Ⅲ-2-11〉를 참고하세요.

ⓒ 탐구 질문 적기

학생들이 핵심 아이디어를 구성했다면 이제 탐구 질문을 형성할 차례입니다.

〈표 Ⅲ-2-12〉 탐구 질문 예시 안내[6]

[불명확]	[명확]
소셜 미디어가 초래하는 피해를 어떻게 해결해야 하는가?	Facebook과 같은 소셜 미디어는 사용자의 개인 정보와 개인정보를 보호하기 위해 어떤 조치를 취해야 하는가?

☞ 불명확한 질문은 특정 소셜 미디어를 지정하거나 어떤 종류의 피해를 일으킬 수 있는지 제시하지 않았다. 또한 '피해'가 입증 또는 받아들여졌다고 가정한다. 보다 명확한 질문은 특정 소셜 미디어, 잠재적 피해 유형(개인 정보 보호 문제) 및 해당 피해를 경험할 수 있

6　국제 바칼로레아 고등과정의 확장된 에세이 작성 참고 자료, 조지 메이슨 대학교 글쓰기 센터와 하버드 대학 글쓰기 센터의 글쓰기 참고 자료를 재구성함(George Mason University Writing Center, 2018 ; Harvard College Writing Center, 2023; IBO, 2023)

는 사람(사용자)을 지정하고 있다. 연구 질문은 모호함이나 해석의 여지를 남기지 않아야한다.

[광범위]	[초점화]
지구 온난화가 환경에 어떤 영향을 미치는가?	빙하가 녹는 것은 남극 대륙 펭귄의 삶에 어떤 영향을 미치는가?

☞ 초점이 맞지 않는 연구 질문은 너무 광범위해서 대학 수준의 논문은 물론이고 책 한 권 분량의 글로도 적절하게 답변할 수 없다. 초점화 된 질문은 지구 온난화의 특정 영향(빙하), 특정 장소(남극 대륙), 영향을 받는 특정 동물(펭귄)로 범위를 좁혔다. 탐구 질문을 가능한 한 좁고 집중적으로 만들어야 한다.

[단순함]	[복잡함]
의사들은 미국에서 당뇨병을 어떻게 다루고 있습니까?	미국인들이 당뇨병에 걸릴지 여부를 예측하는 주요 환경, 행동 및 유전적 요인은 무엇이며, 이러한 공통점을 사용하여 의료계에서 질병을 예방하는 데 어떻게 도움을 줄 수 있습니까?

☞ 단순한 질문은 온라인에서 찾아볼 수 있으며 몇 가지 사실에 근거한 문장으로 대답할 수 있다. 분석의 여지가 없다. 더 복잡한 질문은 생각을 자극하며 필자의 상당한 조사와 평가가 필요하다. 일반적으로, 빠른 Google 검색으로 연구 질문에 대한 답을 얻을 수 있다면 좋은 탐구 질문으로 보기 어렵다.

〈표 Ⅲ-2-12〉과 같이 탐구 질문을 구체화 하는 과정을 거치게 하는 것은 위에서도 설명했듯이 탐구 질문이 곧 학생들의 온라인 주제 탐구 활동의 검색어가 되고, 텍스트 선정 기준이 되기 때문입니다. 교사는 되도록 구체화된 탐구 질문을 설정하여 온라인 공간에서 찾아야 할 정보와 해결해야 할 과제를 분명히 인식할 수 있도록 지도해야 합니다. 하지만 처음부터 명확한 탐구 질문이 생성되는 것은 아닙니다. 예비 조사 단계를 거치면서 또, 탐구 활동을 진행하면서 학생들은 자신의 탐구 문제를 조정하고 더 상세화합니다.

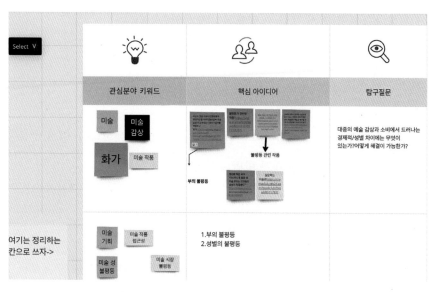

[그림Ⅲ-2-6] 학생들의 탐구 질문 형성 결과

위 그림은 학생들이 탐구 질문을 형성해가는 과정을 담은 디지털 앱 화면입니다. 본 수업은 모둠 활동으로 진행되었기 때문에 학생들은 서로 디지털 포스트 잇을 붙이면서 자신의 키워드를 생성하고 공통의 키워드를 찾기 위해 논의하였습니다. 핵심 아이디어를 구상하면서 자신들이 찾은 정보들을 포스트 잇에 링크를 포함하여 모둠원들과 공유하기도 했지요. 이러한 과정을 거쳐 모둠의 공통 탐구 질문을 형성하였습니다.

③ 온라인 탐구 활동

학생들은 모둠에서 선정한 주제와 탐구 질문에 맞춰 온라인에서 다양한 정보를 탐색하고, 평가하여 종합하는 활동을 합니다. 여러 모둠원이 주제와 관련한 많은 텍스트를 읽기 때문에 처음부터 이를 통합하는 한 편의 글을 작성하기보다 보고서 작성을 위한 구조도를 먼저 그릴 수 있도록 지도하였습니다.

㉠ 온라인 조사

학생들은 탐구 질문을 해결하기 위한 온라인 조사를 수행합니다. 먼저 학생들에게 검색 방법, 출처의 신뢰성 평가 방법 등을 안내하였습니다.

<표 Ⅲ-2-13> 검색 방법 안내

- 정보가 있을 것으로 예상되는 데이터베이스를 선택한다. (Google Scholar DBpia, KCI등)
- 검색어를 통합하는 고급 검색 옵션을 활용할 수 있다.
- 검색시 연산자(AND, NOT, OR 등)를 사용할 수 있다.
- 함께 있어야 하는 2개 이상의 단어 주위에 따옴표를 사용한다.
- 연도별, 주제별, 저자별, 제목 또는 키워드별로 검색을 제한 할 수 있는 기능이 있다.
- 결과 내에서 검색하기 기능을 활용하면 검색 결과가 더 탐구 질문에 집중될 수 있다.

<표 Ⅲ-2-14> 출처 신뢰성 평가 원칙[7]

영역	평가 기준
권위	• URL 도메인으로부터 웹사이트 유형 식별하기 • 출처 또는 저자 정보가 제공되는가
범위	• 사이트의 주요 의도가 특정 집단을 위한 것인가 아니면 대중을 위한 것인가 • 제공되는 내용이 정보 탐색의 필요성을 충족할 만큼 충분한가
정확성	• 사이트에서 제공되는 정보의 내용이 정확한가 • 내용의 출처가 잘 기록되어 있는가

---

7   Chen 외(2022)는 온라인 기반 탐구 학습의 효과를 확인하는 연구에서 기존의 선행 연구들을 종합하여 "좋은 정보를 올바르게 평가하는 5원칙"을 제작함.

객관성	• 사이트의 목적은 무엇인가 • 논쟁 내용이 객관적이고 중립적인가
현재성	• 사이트가 출판 일자와 내용 업데이트 일자를 제공하는가 • 최신 정보인가

ⓒ **정보 정리하기**

모둠원들은 탐구 질문 해결에 필요한 자료들을 검색하고 읽으면서 다른 모둠원들에게 중요한 정보들을 공유해야 합니다. 이를 위해 모둠원들은 자신들이 읽은 정보를 일정한 형식에 맞춰 디지털 앱의 포스트잇에 요약했습니다. 이렇게 작성된 포스트잇들로 모둠원들은 탐구 질문 해결을 위한 구조도를 형성하는 거죠. 이를 위해 교사는 포스트 잇 작성 및 의사 소통 방법을 안내하였습니다.

<표 Ⅲ-2-15> 포스트잇 작성 안내

- 자신이 조사한 자료를 간략히 요약하여 적는다.
- 요약 내용에 링크를 첨부한다.
- 자료에 대한 자신의 생각을 적는다.
- 구조도의 적절한 위치에 자신의 포스트잇을 붙인다.

학생들은 다른 모둠원이 붙인 포스트잇에 메모나 댓글을 붙여 서로 의견을 교환하여 주제에 대한 서로의 생각과 이해를 확인하고 통합합니다.

<표 Ⅲ-2-16> 상호 소통을 위한 학생 포스트잇 평가 방법 안내

- 주제와 관련 있는 내용인가?
- 주제에 대한 상위 구조에 적절히 연결되어 있는가?

- 링크의 원문에 대한 내용을 적절히 요약하였는가?
- 자신의 생각이나 의견이 원문에 근거하는가?
- 출처가 신뢰할 만한가?

ⓒ 정보 연결하기 - 구조도 형성하기

학생들은 모둠 전체의 조사 방향을 확인하면서 자신들이 온라인에서 찾은 정보들을 서로 연결하여 구조화합니다. 자신이 읽은 정보들을 서로 연결하고 구조화함으로써 정보의 상충, 보완, 인과와 같은 정보들간의 관계를 이해하고 통합할 수 있게 되겠죠? 학생들이 스스로 구조도를 형성해나갈 수 있도록 구조화 방법을 상세히 안내하고 학생들의 화면을 점검하면서 피드백을 지속적으로 제공해야 합니다.

<표 Ⅲ-2-17> 포스트잇 구조화 안내

- 포스트잇에 담긴 정보들간의 관계를 분석하고(상충, 보완, 인과 등) 이에 맞게 포스트잇을 배열한다.
- 상위 구조에서 하위 구조로 전개될 수 있도록 포스트잇을 연결한다.
- 같은 내용을 담고 있는 포스트잇은 묶어서 하나의 포스트잇으로 정리한다.
- 다양한 글 구조(비교, 대조, 분류, 분석 등)를 고려하여 구조도를 형성한다.

아래의 그림은 학생들의 구조화 활동과 이에 대한 교사의 피드백을 보여주고 있습니다. 디지털 앱을 사용하면 교사는 학생들의 활동 화면을 실시간으로 확인할 수 있고 피드백을 제공할 수 있습니다. 학생들이 어떤 부분에서 어려움을 겪는지도 확인할 수 있어 유용합니다.

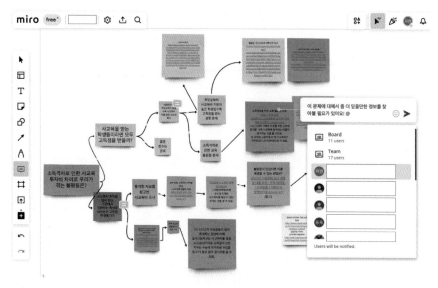

[그림 Ⅲ-2-7] 학생들이 작성한 구조도 예시

▷ miro를 활용한 온라인 구조도 작성 활동 후기

◦ 친구들과 한번에 자료를 조사하고 정보를 모을 수 있어서 빠르게 진행되어서 힘들지 않았고 선생님의 피드백도 쉽게 이루어져 편리했다.

◦ 처음에는 주제도 무겁고 활동 과정도 생각을 길게 해야 하는 활동이 많아서 어려웠지만 그만큼 협력 툴을 사용하면서 친구들과 협력하여 결과물이 점점 눈에 나타날때 즐거웠다.

◦ 기능이 많았는데 모든 기능을 사용해보지 못한 점이 아쉬웠다. / 기능이 어려웠다.

☞ 학생들은 협력적 의사소통을 지원하는 디지털 앱을 사용하면서 대체로 만족하고, 즐거워했지만 기능을 사용하는데 어려움을 겪거나 다양한 기능을 사용하는

데 다소 매몰되는 경향도 있었습니다. 교사가 작업에 필요한 특정 기능을 명시적으로 설명하고 한정할 필요가 있습니다. 학생들은 자신들이 조사한 내용들을 비슷한 내용끼리 연결하거나 시간 순서, 인과관계에 따라 연결하는 활동은 수월하게 해내지만, 내용 간의 연결에서 논리적으로 상충하거나, 부족한 정보를 파악하는 것은 어려워했습니다. 교사는 실시간으로 학생들의 구조도를 살펴보면서 댓글이나 포스트잇을 추가하여 학생들이 필요한 정보나 의사 판단을 할 수 있도록 지도해줘야 합니다.

④ 보고서 작성하기

학생들은 자신들이 생성한 구조도를 바탕으로 탐구 보고서를 작성합니다. 구조도를 생성하고 탐구 보고서를 작성하는 것은 순차적으로 이뤄지는 것이 아니며, 학생들은 탐구 보고서를 작성하면서 구조도를 수정하거나 추가적으로 생성할 수 있습니다. 이는 모둠원들의 역할 분배나 협력 방식에 따라 달라질 수 있어요.

본 수업에서는 학생들이 Google Docs[8]에서 보고서를 작성했습니다. 수업의 대부분이 모둠별로 이뤄졌기 때문에 협력적 글쓰기 상황에 가장 적합한 디지털 도구라고 판단하였습니다.

【디지털 도구 사용 안내: Google Docs】

- 특징: 문서 작성이 주된 기능이지만 공유 기능을 통해 협력적 글쓰기(동시 작문)가 가능함.
- 학생 사용 기능: 텍스트 작성과 관련된 기본 기능이 가능하고, 문서에서 드래그를 하면 해당 내용에 대한 댓글 추가, 이모티콘 반응 추가, 수정 제안의 기능

---

8   https://www.google.com/intl/ko/docs/about/

이 가능함.

- 교사에게 유용한 기능

○ 댓글 기록 열기 기능: 학생들의 댓글이나 이모티콘, 수정 제안등의 활동을 확인할 수 있으며 이에 대한 답글 쓰기 기능이 있어 피드백이 수월함.

○ 버전 기록 열람 기능: 학생들의 글이 실시간으로 저장되면서 각 시기마다 어떤 학생들이 본문에서 어떤 활동을 했는지 열람이 가능함. 학생별로 색상이 다르게 표시되어 있어 학생들이 생성한 글, 삭제한 글, 수정한 글의 내용을 확인할 수 있음.

<표 Ⅲ-2-18> 보고하는 글쓰기의 하위 내용 요소들 안내

기존 정보	통계 자료, 현황, 학자들의 의견, 이론
새로운 정보	정보의 분석 결과, 새롭게 발견한 사실
주제에 대한 주관적 관점	주제와 관련된 개인적 경험, 의의와 한계, 앞으로의 전망
탐구 과정	문제제기, 한계, 목적(주제문), 대상, 탐구 활동

글쓰기를 시작하기 전 <표 Ⅲ-2-18>과 같이 학생들에게 보고하는 글쓰기의 하위 내용 요소들을 안내하였습니다. 학생들이 자신의 보고서에 어떤 내용들이 포함되어야 하는지, 현재 구조도에서 어떤 내용들이 추가적으로 필요한지 판단할 수 있게 하기 위함이죠. 학생들이 정보간의 상충되는 지점이나, 정보 사이의 부족한 정보들 즉 정보의 분석이나 자신들의 관점으로 새롭게 발견한 사실과 같이 새로운 정보를 생성해 내는 것에는 어려움을 겪을 수 있습니다. 구조도의 정보를 기반으로 보고서를 작성하게 하되, 새로운 정보들을 끌어내기 위한 교사의 피드백을 지속적으로 제시하면서 보고서 쓰기 활동을 진행하였습니다.

[그림 Ⅲ-2-8] 학생들이 작성한 보고서 예시

▷ Google Docs를 이용한 탐구 보고서 작성 활동 후기

◦ 친구들과 다같이 작업할 수 있고 실시간 반영이 된다는 점이 좋았다.

◦ 친구들과 한번에 글을 쓸 수 있어서 더욱 빠르게 쓸 수 있었고 막히는 부분을 같이 작성하다보니 글을 쓰는게 수월했다.

◦ 선생님이 피드백을 실시간으로 해주셔서 내가 못쓰는 부분을 잘 알게 되고 친구들과 같이 수정할 수 있어서 좋았다.

◦ 인터넷 검색하고 정보 찾다가 손으로 옮겨쓰는게 힘들었는데 바로 이미지 삽입하거나 링크 사용하고 수정할 수 있어서 좋았다.

▷ 협력적 글쓰기에서 무임승차 학생 문제를 위한 팁

협력적 글쓰기 활동에서 학생들의 불만으로 교사가 난감한 문제 중 하나는 참여도의 차이죠. 글쓰기는 특히 학생들이 어려워하는 활동이자 참여도 차이가 크게 나타나는 과제 중 하나인데, 이를 해결하기 위한 프로그램으로 DocuViz[9]를 추천합니다.

[설치 방법]

구글에서 DocuViz를 검색하면 크롬 웹스토어로 연결됩니다. 여기에서 설치가 가능해요.

[사용 방법]

DocuViz를 설치하면 아래와 같이 Google Docs 오른쪽 위편에 DocuViz 글자가 뜹니다.

[그림 Ⅲ-2-9] Google Docs에서 DocuViz 설치 화면

학생이 작성한 후에 이 글자를 누르면 다음과 같은 정보를 확인할 수 있어요.

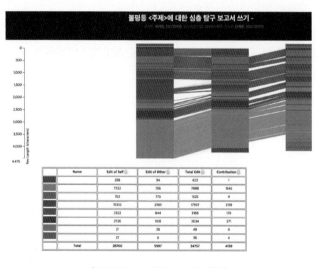

[그림 Ⅲ-2-10] DocuViz 화면

9　https://chrome.google.com/webstore/detail/docuviz/hbpgkphoidndelcmmiihlmjnnogcnigi

학생이 작성한 글자 수와 다른 학생들의 글을 수정한 내역 등을 확인할 수 있는데, 이는 학생에 대한 평가 자료라기보다 학생의 기여도를 교사가 파악할 수 있는 하나의 방안으로 사용하는 것이 적절합니다.

⑤ 인포그래픽 완성하기

학생들은 보고서를 바탕으로 핵심 내용을 시각화하는 활동을 수행하였어요. 이때 사용한 Canva[10]는 인포그래픽 만들기를 지원하는 사이트로 무료로 이용이 가능합니다. 또한 공유 기능이 있고 협력적 작업이 가능하도록 댓글, 반응 표현 등의 기능이 있기 때문에 학생들의 인포그래픽 만들기 또한 협력적으로 수행 가능합니다.

<표 Ⅲ-2-19> 인포그래픽 만들기를 위한 정보 요약 전략 안내

- 전달하고자 하는 정보를 소주제로 크게 나누기
- 알리고 싶은 싶은 가장 중요한 정보 선별하기
- 소주제별 정보를 한 눈에 볼 수 있는 표, 그래프, 이미지로 변환하기

---

10   https://www.canva.com/

[그림 Ⅲ-2-11] 학생들이 만든 인포그래픽

인포그래픽은 인쇄하여 학생들이 선정한 학교 내 장소에 게시했습니다. 긴 시간에 걸쳐 완성한 자신들의 결과물을 직접 게시하면서 큰 보람을 느끼고 즐거워했어요.

▷Canva를 이용한 인포그래픽 만들기 활동 후기

○ 우리 조가 선정한 건강 불평등이라는 주제로 탐사한 내용들이 잘 전달되기 위해 사용해야하는 템플릿을 찾고, 눈에 잘 들어오는 색상을 선정하고 내용과 적합한 이미지를 찾기까지의 과정이 힘들었지만, 인포그래픽이 완성되고 인쇄되고 난 후에 교무실에 앞에 부착한 결과물을 보았을 때의 뿌듯함이 만드는 과정에서의 힘듦을 다 잊게 해주었다.

◦ 처음 만들어 보는거라 처음엔 좀 힘들었지만 만드는 과정이 적응된 후에는 괜찮았다.

◦ 이미 긴 글을 작성했는데 새로 요약해서 다시 만드는게 어려웠다.

☞ 본 수업에서는 보고서 작성과 인포그래픽 만들기를 모두 수행했으나 수업 목적 및 여러 조건을 고려해 표현하는 방법을 선택할 필요가 있습니다.

3) 학생 활동 결과물 예시

[그림 Ⅲ-2-12] 모둠별 읽기 내용을 정리하여 발표하는 모습

[그림 Ⅲ-2-13] 학생들이 만든 인포그래픽 전시하는 모습

4. '디지털 도구를 활용한 온라인 기반 협력적 탐구' 활동의 의미

본 챕터는 '불평등'이라는 주제를 바탕으로 학생들이 자신의 진로에 따라 세부 주제를 스스로 구상하여 협력적 온라인 탐구를 수행하는 수업을 다뤘습니다. '불평등'에 대한 학생들의 주제 탐구를 위해 권위있는 학자의 관점을 학급 전체가 함께 공유하고 논의하는 활동, 탐구 문제를 스스로 설정하고 이를 해결하기 위해 온라인으로 탐구 조사를 하는 활동, 조사한 정보들을 구조화하고 보고서를 작성하여 인포그래픽까지 완성하는 일련의 활동이 포함되어 있습니다. 이 수업을 통한 효과는 다음과 같이 정리할 수 있습니다.

첫째, 학생들은 협력적 문제 해결 과정을 경험할 수 있었습니다. 특히 온라인 기반 탐구 활동을 수행하면서 협력적 읽기와 쓰기를 모두 경험했죠. 학급 공통 텍스트를 함께 읽으며 친구들이 읽으며 어떤 생각을 하는지 알 수 있었고, 함께 탐구 주제를 정하고, 의견을 모아 문제를 해결하는 경험을 할 수 있었습니다. 학생들은 '친구들과 함께 자료를 모으고 같이 이야기를 나누다보니 긴 과제였지만 힘들지 않았다'거나 '친구들과 같이 작업하고 이야기하다보니 공부한다기보다 재밌게 노는 느낌도 들었다'고 의견을 표현했습니다.

둘째, 디지털 도구의 사용으로 학생들이 온라인 기반 협력적 탐구를 효과적으로 수행할 수 있었습니다. 학생들이 친구들과 협력적으로 의사소통을 하며 과제를 수행해야하는 상황은 지속적으로 늘어남에도 불구하고 이를 지원하기 위한 디지털 도구를 체계적으로 사용해보거나 지도 받아본 경험이 적었습니다. 본 수업에서는 디지털 앱의 포스트 잇, 댓글, 공유 기능 등을 사용하여 협력적 과제 해결 경험을 쌓을 수 있었습니다. 학생들은 '혼자 읽는 시간이 지루했는데 앱을 사용해서 친구들이 읽으며 무슨 생각을 하는지 실시간으로 확인하니 지루하지 않고 재미있었다'

거나 '내가 어려웠던 부분인데 앱을 통해서 친구들의 작업을 보니 이해하기 쉬웠고 앱의 기능이 많아서 편리했다', '앱에서 선생님의 피드백을 실시간으로 확인할 수 있어서 좋았다'는 의견을 표현했습니다.

셋째, 탐구 활동에 대한 상세한 가이드를 통해 학생들이 온라인 탐구 활동을 주도적으로 계획하고 실행할 수 있었습니다. 주제 탐구 활동은 탐구 목적, 탐구 문제 해결을 위한 자료 선정 및 구조화에 이르기까지 학생들이 모든 것을 스스로 결정해야 하는 고난도 과제입니다. 본 수업에서는 주제를 선택하기 위한 핵심 키워드 선정, 탐구 질문 구체화를 위한 비판적 질문 방법 등 상세한 가이드를 제공함으로써 학생들이 체계적으로 자신의 과제를 해결해나갈 수 있었습니다. 학생들은 '주제가 무겁고 활동이 긴 호흡으로 이루어져 어려울 것 같았지만 주어진 순서대로 하나씩 해결해 나가다 보니 결과가 점차 눈에 보여서 즐거웠다'거나 '매번 주제만 제시되고 자료를 혼자서 찾을 때는 뒤죽박죽이거나 목적을 잊어버릴 때가 많았는데 어떤 활동을 해야 할지 작게 정해지니까 쉬웠다'는 의견을 남겨주었습니다.

[읽기 자료]

학급 공통 읽기 추천 도서

Michael Sandel(2014), Justice: What's the Right Thing to Do?, 김명철, 『정의란 무엇인가』, 와이즈
베리

참고 문헌

교육부(2013), 「교육목적 저작물 이용안내」『한국교육학술정보원 교육자료』, TL 2013-11

Chen, C. M., Li, M. C., & Chen, Y. T. (2022). The effects of web-based inquiry learning mode
with the support of collaborative digital reading annotation system on information literacy
instruction. Computers & Education, 179, 104428.

George Mason University Writing Center(2018, 8. 8), 「How to Write a Research Question」, 『THE
WRITING CENTER』, https://writingcenter.gmu.edu/ writing-resources/research-based-
writing, 2023.06.10.

Harvard College Writing Center(2023, 6. 9), 「Asking Analytical Questions」. 『Harvard College Writing
Center』 https://writingcenter.fas.harvard.edu/asking-analytical- questions, 2023.05.10.

Ibo(2023, 8), 「Extended Essay」, 『International Baccalaureate. https://ibpublishing.ibo.org/extendedessay/
apps/dpapp/guide.html?doc=d_0_eeyyy_gui_1602_1_e&part=5&chapter=1』, 2023.8.2.

IV.   예술 주제탐구독서 수업하기

주제 6.

'나'를 찾아서
– 문학 작품 엮어 읽기

#문학 작품 #자기 탐색 #웹 작품 #수행평가

1. 활동 소개

본 활동은 자신의 관심사, 진로계획, 성격, 흥미 등을 바탕으로 자기 탐색을 위한 주제를 명확하게 설정하고, 이렇게 설정한 주제에 관련될 수 있는 문학 작품들을 적절하게 탐색하는 과정을 확인 및 그 능력을 고양시키고자 하는 활동입니다. 각각의 작품을 탐색한 방법과 선정한 이유, 주제 관련 내용, 장르나 매체에 따른 특성 등을 구체적으로 밝히고, 선정한 작품의 내용이 주제와 관련하여 어떻게 서로 연관될 수 있는지 비교하여 감상하게 할 수 있어요. 이러한 분석 및 이해, 감상을 바탕으로 선정한 문학 작품들이 자기 탐색과 자아 발전에 향후 어떠한 영향을 미칠 수 있는지 평가 및 정리하는 과정을 포함합니다. 특히, 문학 작품 속 인물이나 사건, 장면 등을 학생 자신이 정한 주제를 바탕으로 해석해 보게 함으로써 흥미나 동기 등을 고양시킬 수 있습니다.

고등학교 국어 수업 현장에서는 수업 진도를 나가기에 바쁘고 대학 입시와 관련된 수업 내용이나 방법을 주로 운영할 수밖에 없다는 현실적인 특성들이 있지요. 즉, 수업 진도나 평가 계획과 관련이 크지 않은 활동들에 많은 시간을 할애하기 어렵고, 학생들 또한 평가 점수로 산출되지 않는 활동들에 대해서는 몰입하지 않을 가능성도 있다는 점을 고려할 필요가 있습니다. 이에 본 활동은 수행평가의 한 방법으로 다루어질 수 있고, 이어지는 내용들 또한 실제 수행평가 운영 사례를 정리한 것임을 밝혀 두고자 합니다.

• 문학 작품

흔히 문학은 개인과 공동체의 생활 경험 및 미의식을 담아 인간의 체험과 상상력으로 이루어진 언어 예술이자 소통 행위, 문화의 한 양식으로 정의됩니다. 이러한 문학 작품을 바탕으로 한 활동을 통해 자신의 삶과 연계함으로써 자아를 탐색 및 성찰함과 동시에 세계관을 넓히는 기회를 가질 수 있습니다.

• 웹 작품

웹 작품은 웹 플랫폼에서 연재 및 출간되는 문학 장르를 통칭한다고 말할 수 있는데, 웹소설, 웹툰, 웹드라마 등이 이에 해당합니다. 웹 작품들은 다른 인쇄물 기반 문학 작품들에 비해 접근성이 높고 상대적으로 줄거리나 내용을 검색하는 것이 용이하지요. 또한 그러한 접근성 및 검색의 편의성을 바탕으로 학생들은 자신의 흥미나 관심사에 부합하는 작품들을 찾을 가능성이 높아집니다.

2. 준비물

책, 스마트폰/태블릿 피시, 필기도구, 수행평가 활동지

1) 책

본 활동은 문학 작품을 선정하여 읽는 것을 바탕으로 하고 있는데, 많은 경우 문학 작품은 인쇄물 기반의 책 형태로 출간되어 있지요. 그렇기에 학생들은 자신이 읽고자 하는 문학 작품이 책 형태로 수록되어 있는 경우 책을 준비하여야 합니다.

2) 스마트폰/태블릿 피시

본 활동은 웹 기반 작품들을 적어도 한 가지 이상 검색 및 선정하여 읽는 과정을 포함하고 있습니다. 웹 작품을 찾아 읽기 위해서는 인터넷 기반의 디지털 기기가 필요하다는 점에서 스마트폰이나 태블릿 피시를 사용할 수 있어요. 특히, 요즘에는 인쇄물 형태가 아닌 e-book 형태로도 문학 작품을 읽을 수 있다는 점에서도 디지털 기기가 필요하지요.

3) 필기도구

학생들이 작품을 찾아 읽는 과정에서는 디지털 기기가 필요하지만 실제 자신의 활동 과정이나 생각한 점 등은 수행평가 활동지에 기록하게 됩니다. 이 점에서 펜이나 수정테이프 등을 미리 준비하는 것이 필요합니다.

학생들은 손으로 직접 글을 쓰는 활동에 흥미를 잘 느끼지 못하거나 어려워하는데 어떻게 하는 것이 좋을까요?

본 활동은 수행평가 상황을 전제하여 제시되다 보니 학생들의 결과물을 수집 및 보관하기 위해 인쇄물 형태로 수집하는 것이 권장될 수 있어요. 그러나 평가 활동이 아니라 수업 내 다양한 활동의 일환으로 활용될 경우 온라인 플랫폼을 활용하여 복합양식적 형태로 학생들이 자신의 생각을 정리 및 공유하도록 이끌 수도 있습니다.

4) 수행평가 활동지

위의 책, 스마트폰/태블릿 피시, 필기도구 등은 학생 스스로 준비해야 하는 것이라면 수행평가 활동지는 학생들의 각 단계별 활동을 확인하기 위해 교사가 준비해야 하는 것입니다. 여러 차시에 걸쳐 활동이 이루어지는 만큼 활동지에서 각 활동들을 나누어 제시할 필요가 있어요. 또한 본 활동은 평가를 전제로 하고 있기 때문에 학생들이 직접 수기로 작성한 결과물을 보관할 필요성이 있다는 점에서 인쇄물 형태로 제공 및 취합하는 것이 적절할 수 있습니다.

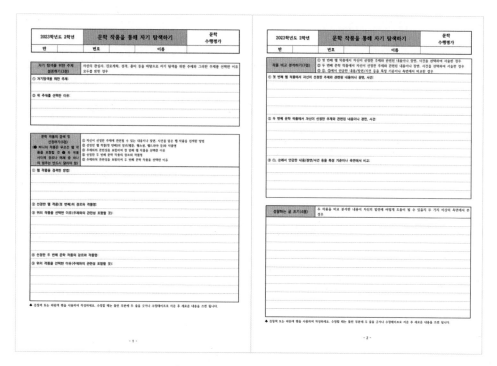

[그림 IV-1-1] 수행평가지 양식 예

3. 주제탐구독서 활동 과정 자세히 보기

1) 활동 개요

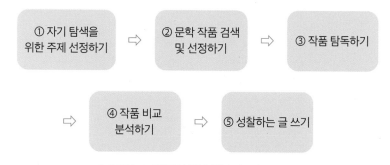

① 자기 탐색을 위한 주제 선정하기 ⇨ ② 문학 작품 검색 및 선정하기 ⇨ ③ 작품 탐독하기

⇨ ④ 작품 비교 분석하기 ⇨ ⑤ 성찰하는 글 쓰기

[그림 IV-1-2] '문학 작품 엮어 읽기' 활동 개요

① 자기 탐색을 위한 주제 선정하기

이 단계에서 학생들은 자신의 관심사, 진로 계획, 성격, 흥미 등을 바탕으로 자기 탐색을 위한 주제와 그러한 주제를 선택한 이유를 정리하여 적습니다.

② 문학 작품 검색 및 선정하기

이 단계에서는 자신이 선정한 주제에 관련될 수 있는 내용이나 장면, 사건을 담은 웹 작품을 검색한 방법, 선정한 작품의 장르와 작품명, 주제와의 관련성을 포함하여 해당 작품을 선택한 이유를 서술하게 됩니다.

③ 작품 탐독하기

이 단계에서 학생들은 자신이 선정한 주제와의 관련성을 바탕으로 작품의 특정 부분에 보다 초점을 두고 읽습니다.

④ 작품 비교 분석하기

이 단계에서는 선택한 각 작품에서 자신이 선정한 주제와 관련된 내용이나 장면, 사건을 선택하여 서술하고, 각 작품에서 언급한 내용/장면/사건 등을 특정 기준이나 측면에서 비교합니다.

⑤ 성찰하는 글 쓰기

이 단계에서는 처음에 정한 주제를 바탕으로 두 작품을 비교 분석한 내용이 자신의 발전에 어떻게 도움이 될 수 있을지 두 가지 이상의 측면에서 서술합니다.

궁금해요

총 활동 시간은 어떻게 운영하는 것이 좋을까요?

활동 시간으로 운영할 수 있는 총 수업 차시에 따라 학생들이 자신이 검색 및 분석할 작품들을 어느 정도는 대략적으로나마 미리 추려 오도록 권장할 수도 있고, 이와는 반대로 검색 및 분석할 시간을 충분하게 제공할 수도 있어요. 시간을 넉넉하게 줄 경우 학생들이 자신이 정한 주제와 작품 간의 연관성에 대해 질문하거나 작품의 어떠한 부분을 연계하여 해석할 수 있을지 질문하는 것 등에 대해서 보다 자세하게 답하고 안내할 수 있다는 장점이 있지요. 다만, 시간을 충분하게 주었을 때 그만큼 성실하게 활동에 집중할 수 있는 학생들인지 학생 특성을 고려할 필요가 있습니다.

ㄹ) 활동 과정 자세히 보기

아래 표 〈Ⅳ-1-1〉은 전반적으로 교사 및 학생이 할 일과 예상되는 소요 시간을 개략적으로 제시한 것이에요. 표에서 제시한 차시 운영 계획 중 실제 학생들의 활동이 이루어지는 단계들은 두 번째 단계 이후부터입니다. 첫 번째 단계는 활동을 위한 사전 안내의 성격을 지닌 것으로 실제 활동 차시 전의 수업 시간 등을 활용할 수 있습니다. 또한 여기서 제시하는 차시 운영 방법은 예시로서, 수업 진도 계획이나 학기 평가 계획 등에 따라서 활동 시간을 융통성 있게 조정할 수 있어요. 여기서는 각 단계별로 교사 및 학생이 해야할 일, 학생 활동, 평가 방법 등에 대해 예를 들어 설명해 보고자 합니다. 본 절에서 예시로 든 학생의 경우 저널리스트라는 진로 목표를 가지고 있어요.

<표 IV-1-1> '문학 작품 엮어 읽기' 주제탐구독서 수업 과정

활동	교사가 하는 일	학생이 하는 일	시간
활동 안내 및 공지	• 활동 시기, 활동 시간, 평가 기준 등을 안내하기 • 수업 시간을 활용하여 본 활동(수행평가)에 대해 사전에 명확하게 공지하기	• 안내된 내용을 숙지하고, 그에 따른 계획 및 준비하기	10분
자기 탐색을 위한 주제 설정하기	• 본 활동의 목적과 의의를 설명하기	• 자기 탐색을 위한 주제 설정하기	1차시 50분
문학 작품 검색 및 선정하기	• 자신이 정한 주제를 상기하면서 그와 관련될 수 있는 문학 작품을 검색하고 선정할 수 있도록 안내하기	• 문학 작품 검색 및 선정하기	1차시 50분
작품 탐독하기	• 주제와의 관련성을 바탕으로 작품의 특정 부분에 보다 초점을 두고 읽을 수 있도록 안내하기	• 선정한 작품들을 주제에 따라 초점화하여 읽기 • 선정한 작품들을 서로 엮어서 읽고 생각해보기	2~3 차시 100 ~ 150분
* 작품 비교 분석하기	• 자신이 정한 주제와 작품 간의 연계, 작품과 작품 간의 연계에 주목할 것을 주지시키기	• 작품 비교 분석하기	1차시 50분

성찰하는 글 쓰기	• 작품들이 자신의 삶을 반성 및 성찰하고 발전시키는 데에 어떠한 역할을 할 수 있는지에 대해 생각하고 글을 쓰도록 안내하기	• 성찰하는 글 쓰기	1차시 50분

(* 표시된 부분 : 주제 통합적 읽기가 가장 활발하게 일어나는 활동)

본 활동을 통해 수행평가를 실시하고자 할 때 6~7차시의 수업 시간을 할애하는 것이 수업 진도 관리에 부담이 될 수 있습니다. 이 경우에는 '작품 탐독하기' 활동을 위해 수업 시간을 활용하는 것 대신 학생들이 각자의 시간을 활용하여 작품을 읽어 오도록 함으로써 활동 시간을 줄일 수 있습니다. 이를 통해 본 활동은 최소 4시간의 수업 시간을 활용하여 운영할 수 있어요.

◎ 활동 안내 및 공지

이 단계에서는 왜 본 활동을 실시하는 것인지, 본 활동을 언제 실시할 것인지, 얼마 간의 시간 및 기간 동안 할 것인지, 어떻게 평가할 것인지 등을 안내합니다. 본 활동이 수행평가로 활용될 경우 특히 사전에 명확하게 공지하는 것이 필요합니다.

다음 활동 단계에서 스마트폰이나 태블릿 피시를 활용하여 문학 작품을 검색하게 되는데, 1시간 안에 여러 작품을 검색하고 읽을 작품을 선정하기에 어려움이 있을 수 있어요. 수업(평가) 차시가 충분하지 못할 경우, 대략적으로나마 미리 자신의 관심 주제를 설정하고, 그와 관련된 문학 작품들을 검색 및 선정해 올 것을 권장할 수 있습니다.

본 활동은 문학 작품을 읽고 이를 바탕으로 활동하는 것인데, 이때 문학 작품의 범주는 어떻게 삼아야 하나요?

문학의 범주나 범위나 선생님들의 관점에 따라 차이가 있을 수 있습니다. 다만, 본 활동에서는 문학 작품의 의미를 폭넓게 해석하여 전통적인 문학 작품인 시나 소설뿐 아니라 영화, 드라마, 웹툰 등도 포함하는 것으로 보고 있음을 학생들에게 안내하는 것이 바람직할 수 있습니다.

① 자기 탐색을 위한 주제 설정하기

이 단계에서 교사는 본 활동의 주된 목적이 자기 탐색에 있다는 점을 주지시키고, 자신의 관심사, 진로 계획, 성격, 흥미 등을 살펴보는 것이 자기 탐색의 방법이 될 수 있음을 안내합니다. 구체적으로 학생들이 자신의 관심사, 진로 계획, 성격, 흥미 등을 바탕으로 자기 탐색을 위한 주제와 그러한 주제를 선택한 이유를 정리하여 적을 수 있도록 지도합니다.

㉠ 학생 활동의 실제 예시

아래에서 예로 제시된 학생의 글은 모두 평가 항목을 잘 충족하고 있는 것으로 보여요. 직업의식과 가치관에 대한 탐구라는 주제가 명확하고, 그러한 주제를 선택하게 된 이유를 자신의 직업 가치관이나 진로 목표와 연관시켜 기술하고 있지요.

<표 Ⅳ-1-2> '자기 탐색을 위한 주제 설정하기' 학생 활동 예시

자기 탐색을 위한 주제 설정하기(3점)	자신의 관심사, 진로계획, 성격, 흥미 등을 바탕으로 자기 탐색을 위한 주제와 그러한 주제를 선택한 이유 모두를 밝힌 경우

① 자기탐색을 위한 주제:

저널리스트의 삶과 뉴스 현장, 현장 속에서 저널리스트들의 태도 등과 같은 직업의식과 가치관에 대한 탐구, 직업인의 역할과 사명감에 대한 탐색

② 위 주제를 선택한 이유:

저널리스트라는 직업을 희망하는 사람으로서 실제 직업인의 삶과 현장을 생생하게 느껴볼 기회가 없어 저널리스트인 인물을 담아낸 작품을 감상하면서 실제 직업인의 일과 현장을 탐색하고 직업인의 직업의식과 가치관에 대해서 배우고 싶었기 때문이다. 작품이 전달하는 메시지를 통해 나의 직업 가치관과 목표를 확립하고, 스스로를 성찰하고 성장하고 싶었다.

ⓛ 평가 방법의 예시

　자신의 관심사를 밝혀 적었는지, 진로계획·성격·흥미 등을 바탕으로 자기 탐색을 위한 주제를 밝혀 적었는지, 그리고 그러한 주제를 선택한 이유를 밝혀 적었는지를 기준으로 하여 학생 답안을 평가할 수 있습니다.

<표 Ⅳ-1-3> '자기 탐색을 위한 주제 설정하기' 평가 방법 예시

평가항목(평가요소)	평가척도	배점
자기 탐색을 위한 주제 설정하기(3점)	자신의 관심사, 진로계획, 성격, 흥미 등을 바탕으로 자기 탐색을 위한 주제와 그러한 주제를 선택한 이유 모두를 밝힌 경우	3점
	자신의 관심사, 진로계획, 성격, 흥미 등을 바탕으로 자기 탐색을 위한 주제와 그러한 주제를 선택한 이유 중 한 가지만 밝힌 경우	2점
	자신의 관심사, 진로계획, 성격, 흥미 등을 바탕으로 자기 탐색을 위한 주제와 그러한 주제를 선택한 이유 모두 적절하게 밝히지 않은 경우	1점

② 문학 작품 검색 및 선정하기

이 단계에서 교사는 학생들이 자신이 정한 주제를 상기하면서 그와 관련될 수 있는 문학 작품을 검색하고 선정할 수 있도록 안내합니다. 다만, 각 작품들이 앞서 학생 자신이 선정한 주제에 관련될 수 있는 내용이나 장면, 사건 등을 담고 있으면 되기에 꼭 완결된 작품을 검색 및 선정할 필요는 없음을 안내합니다. 구체적으로, 자신이 선정한 주제에 관련될 수 있는 내용이나 장면, 사건을 담은 웹 작품을 검색한 방법, 선정한 첫 번째 웹 작품의 장르(웹툰, 웹소설, 웹드라마 등)와 작품명, 주제와의 관련성을 포함하여 첫 번째 웹 작품을 선택한 이유, 선정한 두 번째 문학 작품의 장르와 작품명, 주제와의 관련성을 포함하여 두 번째 문학 작품을 선택한 이유를 정리하여 적을 수 있도록 안내해 주세요.

본 활동이 표현 방식에 따른 차이를 살펴보는 것이 주된 목적이 아니기에 같은 작품이 다른 방식으로 표현된 작품은 선정하지 않도록 지도할 필요가 있습니다(예: 웹툰으로 연재된 작품이 영화로 만들어진 경우). 다만, 본 활동의 목적 중 하나는 학생들의 인터넷 검색 능력을 확인 및 함양하는 데에 있기 때문에 적어도 하나의 작품은 웹 작품을 선택하도록 지도해 주세요. 활동 시간과 관련하여, 수업 여건에 따라 '자기 탐색을 위한 주제 설정하기' 활동과 '문학 작품 검색 및 선정하기' 활동을 함께 실시할 수 있습니다.

궁금해요

왜 두 작품 중 하나는 웹 작품 중에서 선택하라고 한 것인가요?

본 활동에서 두 개 작품 중 최소 하나의 작품으로 웹툰, 웹드라마, 웹소설 등의 웹 작품을 선택하게 한 이유에는 몇 가지가 있어요. 먼저, 인터넷상에서 자신이 찾고자 하는 바를 검색하고 이를 활용할 수 있는 능력을 확인 및 고양시키고자 하는 목적이 있습니다. 둘째, 웹 작품의 경우 최근의 시대상 및 젊은 세대의 흥미나 요구, 사고 방식, 실상 등을 반영하고 있는 경우가 많아 학생들의 참여나 몰입을 보다 이끌어 낼 수 있습니다. 셋째, 전통적인 인쇄물 형식의 문학 작품에 비해 보다 쉽고 저렴하게 접근할 수 있다는 특성이 있어요. 이러한 점들에 대해서도 학생들에게 미리 설명함으로써 학생들이 본 활동의 의의와 가치에 대해 좀더 생각해 보도록 이끌 수 있겠습니다.

㉠ 학생 활동의 실제 예시

아래에서 예로 제시된 학생은 인터넷에서 자신이 정한 주제와 관련된 키워드 중심으로 문학 작품들을 검색하고, 그렇게 선정한 작품들의 작품명과 장르를 명시하였습니다. 자신이 정한 주제를 다룰 수 있는 작품들을 잘 선정하였고, 자신에게 어떠한 의미가 있을지를 고려하며 작품들을 선정한 이유를 밝혔습니다.

<표 IV-1-4> '문학 작품 검색 및 선정하기' 학생 활동 예시

문학 작품의 검색 및 선정하기(6점) (❶ 하나의 작품은 무조건 웹 작품을 포함할 것 ❷ 두 작품 사이에 장르나 매체 중 하나의 범주는 반드시 달라야 함)	① 자신이 선정한 주제에 관련될 수 있는 내용이나 장면, 사건을 담은 웹 작품을 검색한 방법 ② 선정한 웹 작품(첫 번째)의 장르(웹툰, 웹소설, 웹드라마 등)와 작품명 ③ 주제와의 관련성을 포함하여 첫 번째 웹 작품을 선택한 이유 ④ 선정한 두 번째 문학 작품의 장르와 작품명 ⑤ 주제와의 관련성을 포함하여 두 번째 문학 작품을 선택한 이유

① 웹 작품을 검색한 방법:

언론, 뉴스, 저널리즘과 같은 키워드를 인터넷에 검색하여 웹드라마를 선택하게 되었고, 공공 도서관 지원 서비스 사이트 자료 검색을 통해 저널리즘과 관련된 책을 분류하여 검색하던 도중 책 소개를 읽고 문학작품을 선택하게 되었다.

② 선정한 웹 작품(첫 번째)의 장르와 작품명: **웹드라마 〈미스티〉**

③ 위의 작품을 선택한 이유(주제와의 관련성 포함할 것):

이 드라마의 주인공은 대한민국 최고의 뉴스 앵커이고, 주변 인물도 저널리스트이며 언론사를 배경으로 언론사 밖의 다양한 사건 등을 주제로 해 직업 환경과 외부 환경, 영향을 받는 사람들에 대해서까지도 알아볼 수 있다. 무엇보다도 주인공의 직업의식과 윤리, 가치관, 직업에 대한 뚜렷한 자부심과 목표를 엿볼 수 있어 내가 탐구하고 싶은 주제와 가장 부합하는 내용과 조건을 담은 작품이기 때문이다. 드라마를 찾아보며 읽은 소개 글의 대사 또한 이 책을 선정한 이유인데 인물의 대사에서 앵커의 책임감이 묻어났기 때문이다.

④ 선정한 두 번째 문학 작품의 장르와 작품명: **에세이 〈안녕하세요 김주하입니다〉**

⑤ 위의 작품을 선택한 이유(주제와의 관련성 포함할 것):

이 책의 소개를 읽고, 책의 저자인 김주하가 실제 우리나라의 대표 여성 앵커라는 것을 알게 되었고, 이 책은 앵커 김주하의 경험과 생각을 바탕으로 실제 뉴스 앵커가 느끼고 보고 경험한 22편의 이야기를 담고 있기 때문이다. 앵커라는 이름 뒤에 존재하는 취재 현장과 방송 현장의 모습, 그 속에서 느끼는 직업인의 뉴스를 향한 사랑과 열정에 대해서 가장 잘 느낄 수 있는 작품이라고 생각하였다. 또한 실제 직업인의 글을 통해 내가 공부하고 싶은 직업인의 모습을 엿볼 수 있을 것 같아 선택하였다.

ⓛ 평가 방법의 예시

아래의 채점기준표에서 볼 수 있듯이, 이 항목에 대한 평가는 분석적 평가 방식보다는 총체적 평가 방식에 가깝게 채점할 수 있어요. 즉, 5개의 평가 요소 중 몇 가지를 충족하였는가에 따라 점수를 부여할 수 있습니다.

<표 IV-1-5> '문학 작품 검색 및 선정하기' 평가 방법 예시

평가항목(평가요소)	평가척도	배점
문학 작품의 검색 및 선정하기(6점) *최소 하나의 웹 작품(웹툰, 웹소설, 웹드라마 등)을 포함할 것	아래의 평가 요소 5개 모두 적절하게 쓴 경우 ① 자신이 선정한 주제에 관련될 수 있는 내용이나 장면, 사건을 담은 웹 작품을 검색한 방법 ② 선정한 웹 작품(첫 번째)의 작품명 ③ 주제와의 관련성을 포함하여 첫 번째 웹 작품을 선택한 이유 ④ 선정한 두 번째 문학 작품의 작품명 ⑤ 주제와의 관련성을 포함하여 두 번째 문학 작품을 선택한 이유	6점
	위 6점 항목에 제시된 평가 요소들 중 4개를 적절하게 쓴 경우	5점

위 6점 항목에 제시된 평가 요소들 중 3개를 적절하게 쓴 경우	4점
위 6점 항목에 제시된 평가 요소들 중 2개를 적절하게 쓴 경우	3점
위 6점 항목에 제시된 평가 요소들 중 1개를 적절하게 쓴 경우	2점
위 6점 항목에 제시된 평가 요소들 모두를 적절하게 쓰지 못한 경우	1점

③ 작품 탐독하기

이 단계에서는 학생들이 주제와의 관련성을 바탕으로 작품의 특정 부분에 보다 초점을 두고 읽을 수 있도록 안내합니다. 이전 시간에 정한 주제를 바탕으로 이루어지는 활동이라는 점을 주지시키고, 그와 관련될 수 있는 내용에 보다 초점을 두고 읽을 수 있도록 안내하는 것도 필요하지요. 또한, 학생 자신이 정한 주제에 보다 부합할 수 있는 작품 내용을 선별 및 집중하여 읽는 것도 중요하고, 공통된 주제로 각 작품들 속의 특정 부분에 초점을 두는 만큼 두 작품도 서로 엮어서 읽고 생각해 보도록 이끌 필요가 있습니다.

수업 차시의 여유 정도와 학생의 읽기 가능 시간 등을 고려하여 학생들이 작품을 탐독할 시간을 줄이거나 늘리는 등 융통성 있게 운영할 수 있어요. 다만, 본 활동에 대한 수업 차시를 줄일 경우에는 학생들이 자신의 시간을 잘 활용하여 미리 읽거나 보고 오도록 안내할 필요가 있습니다.

④ 작품 비교 분석하기

이 단계에서 교사는 학생 자신이 정한 주제와 작품 간의 연계, 작품과 작품 간의 연계에 주목할 것을 주지시키게 됩니다. 구체적으로, 첫 번째 웹 작품에서 자신이 선정한 주제와 관련된 내용이나 장면, 사건을 선택하여 서술하도록 하기, 두 번째 문학 작품에서 자신이 선정한 주제와 관련된 내용이나 장면, 사건을 선택하여 서술하기, 각 작품에서 언급한 내용 / 장면 / 사건 등을 특정 기준이나 측면에서 비교하기의 활동에 참여하도록 안내합니다. 이때, 단순히 첫 번째, 두 번째 작품에서의 특정 내용이나 장면, 사건 등을 비교하는 데에서 그치는 것이 아니라 그 부분들이 자신이 정했던 주제와는 어떻게 관련되는지를 명확하게 드러내도록 안내할 필요가 있어요.

⑤ 학생 활동의 실제 예시

아래에서 예로 제시된 학생은 첫 번째 웹 작품, 두 번째 문학 작품에서의 특정 내용이나 사건, 장면 등이 어떻게 자신이 정한 주제와 관련되는지를 잘 설명하였습니다. 또한, 각 작품이 주제와 어떻게 연관되는지를 설명하는 것에서 더 나아가, 두 작품들이 서로 어떠한 측면에서 공통점 혹은 차이점이 있는지를 구체적으로 분석하는 모습도 보였지요.

<표 IV-1-6> '작품 비교 분석하기' 학생 활동 예시

작품 비교 분석하기(7점)	① 첫 번째 웹 작품에서 자신이 선정한 주제와 관련된 내용이나 장면, 사건을 선택하여 서술한 경우 ② 두 번째 문학 작품에서 자신이 선정한 주제와 관련된 내용이나 장면, 사건을 선택하여 서술한 경우 ③ ①, ②에서 언급한 내용 / 장면 / 사건 등을 특정 기준이나 측면에서 비교한 경우

① 첫 번째 웹 작품에서 자신이 선정한 주제와 관련된 내용이나 장면, 사건:

드라마의 주인공인 '고혜란'이 앵커의 자리를 위협받자 살인사건의 전말을 취재하다가 오히려 용의자로 몰렸을 때 혜란의 말이 인상깊었다. 케빈 리 살인 사건의 유력 용의자로 취조를 받은 혜란은 남편의 도움을 받아 기자들 몰래 빠져나갈 수 있었지만 당당하게 기자들 앞에서서 기자들에게 따끔한 조언을 한다. 아니면 말고 보자는 식의 무책임한 기사로 개인의 명예뿐만 아니라 언론의 신뢰도까지 무너지는 일이 더 이상 되풀이가 되지 않았으면 한다며 자신을 노리는 무책임하고 자극적인 뉴스감을 찾는 언론인들을 비판하는 앵커의 모습을 보여준다.

② 두 번째 문학 작품에서 자신이 선정한 주제와 관련된 내용이나 장면, 사건:

책의 주인공 '김주하' 앵커는 앵커를 넘어 '기자'라는 직업을 병행한다. 그녀가 아침뉴스 여자 앵커로 최초로 자리잡았을 때 그를 도운 건 손석희였다. 손석희는 김주하를 호되게 꾸짖고 혼내며 그녀가 성장하도록 이끈다. 광고가 나가는 틈틈이 지적하거나 프롬프트를 보고 방송하지 못하도록 장치를 꺼버리기도 한다. 단편적으로는 김주하를 괴롭히는 것 같지만 사실은 김주하의 성장을 위한 행위였으며 아무런 도움 없이 방송국에 입사한 김주하를 공중파 방송 사상 최초 여성 앵커이자 정의로운 사회부 기자로 거듭나도록 이끌어준 존재였다.

③ ①, ②에서 언급한 내용/장면/사건 등을 특정 기준이나 측면에서 비교:

나는 두 작품의 주인공의 행동과 신념이 사회적인 측면에서 어떤 영향을 끼칠지 생각해 보았다. 고혜란과 김주하 두 인물 모두 뉴스 보도와 취재 두 가지 면에서 적극적이고 열정 있는 인물로 뉴스보도가 사람들에게 정말 필요한 정보를 전달해야 한다는 것을 알고 있었다. 하지만두 인물이 미디어에 비춰지고 대중들이 둘을 평가한다고 할 때, 직접 사람들 앞에 나서 무책임한 언론을 꾸짖고 불합리한 상황에 맞서는 미스티의 고혜란이 올바른 대중 여론을 형성하고 신뢰할 수 있는 언론을 만들어 나갈 인물에 더 가까운 것 같다고 생각하였다.

© 평가 방법의 예시

앞서 '문학 작품 검색 및 선정하기'에서의 채점기준표와 같이 여기서도 총체적 평가 방식에 가깝게 채점할 수 있습니다. 즉, 크게 3개의 평가 요소 중 몇 가지를 충족하였는가에 따라 점수를 부여할 수 있습니다. 다만, ①, ②, ③ 각각의 평가 요소 사이에는 어느 정도 중요도 차이가 존재하기에 특정 평가 요소에 대해 어떻게 글을 썼느냐에 대해 다르게 부분 점수를 부여할 수 있어요.

<표 Ⅳ-1-7> '작품 비교 분석하기' 평가 방법 예시

평가항목(평가요소)	평가척도	배점
작품 비교 분석하기(7점)	아래 평가 요소 3가지 모두를 명시적으로 서술한 경우 ① 첫 번째 웹 작품에서 자신이 선정한 주제와 관련된 내용이나 장면, 사건을 선택하여 서술한 경우 ② 두 번째 문학 작품에서 자신이 선정한 주제와 관련된 내용이나 장면, 사건을 선택하여 서술한 경우 ③ ①, ②에서 언급한 내용/장면/사건을 특정 기준이나 측면에서 비교한 경우	7점
	위 7점 항목에 제시된 평가 요소 중 ①, ②는 만족하지만 ③을 모호하거나 주제와 동떨어지게 쓴 경우	6점
	위 7점 항목에 제시된 평가 요소 중 ①, ②는 만족하지만 ③을 쓰지 않은 경우	5점
	위 7점 항목에 제시된 평가 요소 ①, ② 중 한 가지를 만족하고, ③에 해당하는 내용을 포함한 경우	4점
	위 7점 항목에 제시된 평가 요소 ①, ② 중 한 가지를 만족하고, ③에 해당하는 내용을 포함하지 않은 경우	3점
	위 7점 항목에 제시된 평가 요소 ①, ②, ③ 모두 만족하지 않은 경우	2점

⑤ 성찰하는 글 쓰기

이 단계에서 교사는 학생들이 선정한 각각의 작품들이 자신의 삶을 반성 및 성찰하고 발전시키는 데에 어떠한 역할을 할 수 있는지에 대해 생각하고 글을 쓰도록 안내합니다. 이때 단순히 작품 속 내용에 대한 요약이나 감상평을 쓰는 것이 아니라 작품들이 자신의 삶을 반성 및 성찰하고 발전시키는 데에 어떠한 역할을 할 수 있는지에 대해 생각하고 글을 쓰도록 명확하게 안내할 필요가 있어요. 구체적으로, 처음에 정한 주제를 바탕으로 두 작품을 비교 분석한 내용이 자신의 발전에 어떻게 도움이 될 수 있을지 두 가지 이상의 측면에서 서술하면서, 자신이 정했던 주제뿐 아니라 이를 통해 스스로에 대해 되돌아보거나 탐색해볼 수 있는지를 포함하여 성찰해볼 것을 안내해야 합니다. 수업 여건에 따라 '작품 비교 분석하기' 활동과 '성찰하는 글 쓰기' 활동을 함께 실시할 수 있습니다.

㉠ 학생 활동의 실제 예시

아래 학생은 자신이 목표로 삼고 있는 혹은 관심을 가지고 있는 직업 세계에 있는 사람들을 다룬 문학 작품들을 읽고 비교하는 과정을 통해 자신은 어떠한 태도나 목표를 가지고 현재를 살아가고 미래의 진로 및 직업 생활을 대비할지에 대해 다짐하는 모습을 구체적으로 표현하였어요.

<표 IV-1-8> '성찰하는 글 쓰기' 학생 활동 예시

성찰하는 글 쓰기(4점)	두 작품을 비교 분석한 내용이 자신의 발전에 어떻게 도움이 될 수 있을지 두 가지 이상의 측면에서 쓴 경우

작품을 읽고 비교하면서 먼저 개인적인 측면에서 나에게 끼친 영향은 뉴스 앵커와 기자 사이에 큰 역할 분별이 없어야 한다는 깨달음을 주었다는 것이었다. 기자는 뉴스를 취재하고 현장을 전달하는 사람, 앵커는 뉴스를 사람들에게 전달하는 매개체 역할을 하는 사람이라고 이분법적으로 나누어 생각했었는데 위 두 작품의 주인공 모두 뉴스 앵커를 맡으며 기자로서의 역할과 책임, 직무를 동시에 수행하는 것을 보고 뉴스 앵커라고 해서 사건을 전달하기만 하는 사람이 아니라 뉴스를 이끌어나가는 핵심이 되는 역할을 수행한다는 것을 새기게 되었다. 또한 언론을 책임지는 저널리스트들의 목적과 잊지 않아야 할 본분에 대해서 생각해보며 나의 직업 가치관을 형성하는 데에 도움이 되었다. 두 번째로는, 사회적 측면에서 직업인이 사회에 이바지할 점에 대해서 생각해보았는데 뉴스를 담당한다는 것을 단순히 직업인의 의무 혹은 할 일로 생각하는 것이 아니라 대중들에게 사건을 알린다는 책임감을 가지고 뉴스를 진행하는 두 인물의 모습을 보고 가짜뉴스와 자극적인 매체가 넘치는 현대 사회에서 저널리스트가 고혜란과 김주하 같은 신념을 가지고 일에 종사한다면 실질적으로 사람들에게 도움이 되는 정보를 전하고, 범죄는 줄이고, 복지는 증진시키고, 경제는 활성화시키는 등의 사회 발전에 기여할 수 있겠다는 생각을 하게 되었다. 그리고 미래에 내가 작품 속 인물들과 같은 저널리스트가 된다면 작품을 읽고 성찰하고 탐구했던 이번 계기를 바탕으로 사회적 책임을 다하는, 사람들에게 정말 중요한 정보를 전하는, 개인을 넘어 사회에 긍정적인 영향을 끼칠 수 있는 저널리즘을 행해야겠다고 다짐하게 되었다.

ⓒ 평가 방법

아래는 두 작품을 비교 분석한 내용이 자신에게 어떠한 도움이 될지 두 가지 이상의 측면에서 쓴 경우 만점을 부여하는 것으로 제작된 채점기준표입니다. 여기서는 두 가지 이상의 측면이라는 개수만 충족하면 점수를 부여하는 것으로 되어 있는데, 각각의 측면을 두 작품을 비교 분석한 내용과 연관지어 기술하고 있는지 여부도 평가 요소로 포함하여 보다 구체적인 채점기준표를 제작 및 활용할 수도 있어요.

<표 Ⅳ-1-9> '성찰하는 글쓰기' 평가 방법 예시

평가항목(평가요소)	평가척도	배점
성찰하는 글 쓰기 (4점)	두 작품을 비교 분석한 내용이 자신의 발전에 어떻게 도움이 될 수 있을지 두 가지 이상의 측면에서 쓴 경우	4점
	두 작품을 비교 분석한 내용이 자신의 발전에 어떻게 도움이 될 수 있을지 한 가지 측면에서 쓴 경우	3점
	두 작품을 비교 분석한 내용이 자신의 발전에 어떻게 도움이 될 수 있을지에 대해 논술한 내용이 없는 경우	2점

 궁금해요

위에서 제시된 단계들에서 나아가 좀더 할 수 있는 활동들이 있을까요?

위에서 제시된 활동에 덧붙여, 학생들이 자신이 주제와 연관지어 작품들을 비교 분석한 내용을 발표하는 시간을 가질 수 있어요. 특히 표나 도해 조직자 등을 통해 체계적으로 비교하고 그 결과를 공유하는 시간을 통해 의사소통 및 표현 능력의 신장과 더불어 확산적 사고의 신장을 도모할 수 있습니다.

3) 학생 활동 결과물 예시

위에서 각 단계별로 학생 결과물 예시를 발췌하여 예를 들었다면, 다음은 수행평가지와 그에 답한 학생의 결과물을 함께 보여주고자 학생의 글을 옮겨 기록한 예시예요. 아래에서 예시로 든 학생의 경우 간호사라는 진로 목표를 가지고 있습니다.

① 수행평가지 앞면

제시하는 수행평가지의 크기에 따라 앞면과 뒷면에서 다룰 활동 단계가 달라질 수 있습니다. 아래 예시는 B4크기로 제작했을 때 앞면에 포함할 수 있는 활동 단계들입니다. 수행평가지에는 각 활동 단계별 평가 요소를 제시하여 학생들이 어떠한 내용을 담아 글을 써야 하는지, 그리고 자신의 글이 어떻게 평가될지를 알게 하는 것이 바람직할 수 있어요.

<표 Ⅳ-1-10> 학생 활동 결과물의 수행평가지 앞면 예시

자기 탐색을 위한 주제 설정하기 (3점)	자신의 관심사, 진로계획, 성격, 흥미 등을 바탕으로 자기 탐색을 위한 주제와 그러한 주제를 선택한 이유 모두를 밝힌 경우

① 자기탐색을 위한 주제:

간호사를 비롯한 의료인들의 병원 생활

② 위 주제를 선택한 이유:

아무래도 꿈이 간호사이다보니 의료인들이 쓴 책을 도서관에 가서 시간날 때 보거나 수행평가로 인해 많이 접해보았다. 간호사가 되면 마냥 좋을 줄 알았는데 막상 간호사가 되어서 병원에서 일해보니 답답한 마음을 느끼거나 혹은 때로는 위로를 받으며 하루하루를 살아가는 사람들의 모습들을 보며 의료인들의 삶을 좀더 알고 싶어서 위 주제를 선택하였다.

문학 작품의 검색 및 선정하기 (6점) (❶ 하나의 작품은 무조건 웹 작품을 포함할 것 ❷ 두 작품 사이에 장르나 매체 중 하나의 범주는 반드시 달라야 함)	① 자신이 선정한 주제에 관련될 수 있는 내용이나 장면, 사건을 담은 웹 작품을 검색한 방법 ② 선정한 웹 작품(첫 번째)의 장르(웹툰, 웹소설, 웹드라마 등)와 작품명 ③ 주제와의 관련성을 포함하여 첫 번째 웹 작품을 선택한 이유 ④ 선정한 두 번째 문학 작품의 장르와 작품명 ⑤ 주제와의 관련성을 포함하여 두 번째 문학 작품을 선택한 이유

① 웹 작품을 검색한 방법:

네이버에서 의료와 관련된 웹툰, 혹은 웹소설, 웹드라마를 검색한 다음 제목을 바탕으로 5개 정도를 선별한 뒤에 하나하나 검색해 보고 표지와 사람들의 후기를 읽고 작품을 선별하였다. 특히 닥터 차정숙 같은 경우에는 평소에 유튜브 쇼츠를 볼 때마다 꼭 한 번씩은 나왔던 작품이라 더 관심이 있었기에 선택하였다.

② 선정한 웹 작품(첫 번째)의 장르와 작품명:

웹툰 〈메디컬 환생〉

③ 위의 작품을 선택한 이유(주제와의 관련성 포함할 것):

이 작품 줄거리를 보면 주인공은 외과 의사였고 실패한 삶을 살았다고 했다. 우연히 어떤 사건으로 인해 환생의 기회를 얻게 되는데 현실에서는 환생을 할 수 없다는 점에서 보다 관심이 생겼고, 의사가 되면 돈을 많이 벌텐데 왜 실패한 삶을 살았을까 궁금해서 작품을 선택하였다. 솔직히 대한민국의 고등학생이라면 한 번쯤은 의대에 가서 의사가 되는 꿈을 꿀 것이라고 생각하는데 이 주인공에게 이입해서 내가 의료계 종사자가 되어서 그들의 삶을 한 번쯤 살아가보는 것도 좋을 것이라고 생각했기 때문에 이 작품을 선택하였다.

④ 선정한 두 번째 문학 작품의 장르와 작품명:

드라마 〈닥터 차정숙〉

⑤ 위의 작품을 선택한 이유(주제와의 관련성 포함할 것):

닥터 차정숙은 내가 유튜브에 들어갈 때마다 계속 떴었던 작품이라 여러 번 본 적이 있는데 이 주인공 차정숙과 나는 닮은 점이 있다고 생각하였다. 그래서 짧은 시간이었지만 차정숙이 어떠한 행동을 할 때마다 너무 공감이 되었고 또 감정이입이 잘 되었다. 그리고 개인적으로 닥터 차정숙이라는 드라마는 주인공 차정숙의 삶을 정말 잘 담은 것 같다고 생각하였다. 20년차 가정 주부에서 아들과 같은 레지던트로 들어가는 것이 정말 쉽지 않은 결정이라고 생각되는데 어떻게 이 결심을 했는지, 나이가 많다고 직장 내에서 따돌림이 없는지 차정숙의 삶이 궁금해서 이 드라마를 선택하였다.

② 수행평가지 뒷면

앞서 설명한 것과 마찬가지로, 아래 예시는 B4크기로 제작했을 때 뒷면에 포함할 수 있는 활동 단계들로, 여기서도 마찬가지로 각 활동 단계별 평가 요소를 제시하여 학생들이 어떠한 내용을 담아 글을 써야 하는지, 그리고 자신의 글이 어떻게 평가될지를 이해하도록 이끄는 것이 필요합니다.

〈표 IV-1-11〉 학생 활동 결과물의 수행평가지 뒷면 예시

작품 비교 분석하기(7점)	① 첫 번째 웹 작품에서 자신이 선정한 주제와 관련된 내용이나 장면, 사건을 선택하여 서술한 경우 ② 두 번째 문학 작품에서 자신이 선정한 주제와 관련된 내용이나 장면, 사건을 선택하여 서술한 경우 ③ ①, ②에서 언급한 내용/장면/사건 등을 특정 기준이나 측면에서 비교한 경우

① 첫 번째 웹 작품에서 자신이 선정한 주제와 관련된 내용이나 장면, 사건:

주인공은 지방 의대에 합격해서 의대 졸업 후에 외과를 선택하여 가게 되었는데 외과는 자기 의지로 간 게 아닌 최하위권 성적으로 인해 남들이 기피하는 전공으로 가게 된 것이었다. 그래도 외과를 전공하고서는 최선을 다해 노력했지만 무식과 무능으로 환자를 죽일 수 있다는 것을 알고 좌절감을 느낀다. 그리고 병원을 차렸지만 빚만 얻은 채 실패한 인생을 살아가게 된다. 이 실패로 인해 아내에게 이혼을 당하고 부모님께 효도는커녕 길거리에 나앉게 되어 속상해 술을 마시다가 한 여성으로 인해 과거 중학교 3학년으로 돌아가 돈을 많이 벌 수 있는 피부과 의사가 되기로 결심하는 모습을 보인다.

② 두 번째 문학 작품에서 자신이 선정한 주제와 관련된 내용이나 장면, 사건:

주인공 차정숙은 어린 나이에 시집살이를 하게 돼서 레지던트 일을 접고 본격적으로 집안일을 하게 된다. 그러다 간이식 수술을 받게 되고, 받고 난 후에 다시 전공의 1년차로 들어간다. 곧 50이 되는 나이에 어린 전공의들 사이에서 눈치도 많이 받고 특히 가족들이 차정숙이 의사를 그만두도록 회유하지만 차정숙은 처음이자 마지막으로 가진 꿈이기에 포기하지 않는다. 그렇게 힘든 날을 지내던 도중 차정숙의 담당 환자의 심장이 뛰지 않아 심폐소생술을 하게 되는데 아무리 해도 심장이 다시 뛰지 않자 다른 의사들이 포기하려고 했지만 차정숙은 끝까지 심폐소생술을 해 결국 그 환자를 살려낸다.

③ ①, ②에서 언급한 내용/장면/사건 등을 특정 기준이나 측면에서 비교:

①의 주인공은 중3 때로 돌아갔을 때 피부과 의사가 되려고 한 이유가 단순히 돈 때문이지만 ②의 주인공은 멋진 의사가 되려고 자신이 처음이자 마지막으로 이루고 싶은 꿈이라는 점에서 차이점이 있다. 그리고 ①, ②의 공통점은 각각 과정은 다르지만 두 주인공 모두 의사가 되기 전 그 과정들이 모두 힘들었다는 점이다. ① 같은 경우는 가정 형편이 어려워 공부해야 하는 시기임에도 불구하고 아버지의 가게에 나와서 일을 돕는다. 또한 고등학교 때 왕따였고 그럼에도 결국은 극복해 목표를 이루는 모습을 보인다. ②는 환경도 좋고 머리도 좋았지만 가족들의 반대가 있었다는 어려움이 있었지만 결국은 이를 무릅쓰고 의사가 되었다는 것이 유사하다.

성찰하는 글 쓰기(4점)	두 작품을 비교 분석한 내용이 자신의 발전에 어떻게 도움이 될 수 있을지 두 가지 이상의 측면에서 쓴 경우

이 두 작품을 비교 분석한 내용이 내가 발전할 수 있게 많은 도움이 될 것 같다. 첫 번째로, 단순히 돈을 많이 벌기 위해서가 아니라 내가 정말 간호사라는 의료인이 되겠다는 꿈을 가지고 있는지, 왜 이러한 꿈을 꾸게 되었는지를 다시 생각해보도록 도와주었다. 요즘 같은 자본주의 시대에서 직업을 고를 때 금전적인 부분을 생각하지 않을 수 없다. 그래서 요즘 간호사가 돈도 괜찮게 벌고 오래 할 수 있다는 점을 생각했었는데 좀더 되짚어 보면 내가 간호사를 하고 싶었던 가장 큰 이유는 봉사를 하고 싶다는 것이었다. 시간이 갈수록 누군가의 도움을 받아야 할 사람은 점점 늘고 있는데 일손들이 부족하다. 나 하나라도 의료 현장에 들어가 도와야하지 않을까 하는 생각을 많이 했었고, 실제로 남을 도와주는 일을 하고 나면 많은 보람을 느끼는 편이었기 때문에 간호사를 하고 싶었던 것이다. 이 두 작품 비교를 하면서 다시 초심을 느낄 수 있었다. 두 번째로, 공부에 대한 동기부여가 많이 되었다. 이 두 사람들은 하나같이 의사가 되기 위해 집안 살림 다 하면서 있는 시간 없는 시간 다 쪼개서 공부하고, 형편이 힘들어 신문배달하고 부모님 일 다 도와드리고, 소위 일진들에게 당하기만하지 않기 위해 매일같이 운동하면서 공부하는 등 치열하게 사는 모습을 보여주었다. 그 결과 전공의 시험에서 좋은 점수를 받는 모습도 보인다. 그런데 내 삶을 보면 부모님 중에 누구 하나 반대하는 사람 없고 부족하지 않은 형편에 학원도 다닐 수 있고, 인터넷 강의도 볼 수 있고 필요한 학습기기까지 다 있는데 이 사람들보다 더 치열하게 공부하지는 못할망정 나태해져서 맨날 누워 있는 나 자신에 대해 성찰할 수 있었다. 앞으로 이렇게 나태해질 때마다 스스로 물어보려 한다. "정말 간절하니?"

관련 교육과정 성취기준과 수준별 평가기준

앞에서 설명한 바와 같이, 본 활동은 수행평가에서 활용되는 상황을 우선적으로 고려하였습니다. 평가 상황이기에 무엇에 대한 평가인지 교육과정 성취기준과의 연계를 고려해야 하고, 또 평가기준별로 기대되는 학생수준 및 활동이 달라진다는 점 또한 고려해야 하는데, 이는 다음과 같이 정리할 수 있습니다.

〈표 Ⅳ-1-12〉 성취기준에 따른 평가기준의 예시

교육과정 성취기준		[12문학02-02] 작품을 작가, 사회·문화적 배경, 상호 텍스트성 등 다양한 맥락에서 이해하고 감상한다. [12문학04-01] 문학을 통하여 자아를 성찰하고 타자를 이해하며 상호 소통하는 태도를 지닌다.
평가기준	상	자신의 관심사, 진로계획, 성격, 흥미 등을 바탕으로 자기 탐색을 위한 주제를 명확하게 설정하고, 이렇게 설정한 주제에 관련될 수 있는 문학 작품들을 적절하게 탐색할 수 있다. 각각의 작품을 탐색한 방법과 선정한 이유, 주제 관련 내용, 장르나 매체에 따른 특성 등을 구체적으로 밝히고, 선정한 작품의 내용이 주제와 관련하여 어떻게 서로 연관될 수 있는지 비교하여 감상할 수 있다. 이러한 분석 및 이해, 감상을 바탕으로 선정한 문학 작품들이 자기 탐색과 자아 발전에 향후 어떠한 영향을 미칠 수 있는지 평가 및 정리할 수 있다.
	중	자신의 관심사, 진로계획, 성격, 흥미 등을 바탕으로 자기 탐색을 위한 주제를 설정하고, 설정한 주제에 관련될 수 있는 문학 작품들을 탐색할 수 있다. 각각의 작품을 탐색한 방법과 선정한 이유, 주제 관련 내용, 장르나 매체에 따른 특성 등을 밝힐 수 있다. 이러한 분석 및 이해, 감상을 바탕으로 선정한 문학 작품들이 자기 탐색과 자아 발전에 향후 어떠한 영향을 미칠 수 있는지 정리할 수 있다.
	하	자신의 관심사, 진로계획, 성격, 흥미 등을 바탕으로 자기 탐색을 위한 주제를 설정하고, 이에 관련될 수 있는 문학 작품들을 탐색할 수 있다. 작품의 탐색 방법과 이유를 설명하고, 이러한 작품이 자신이 선택한 주제나 자신의 삶과 어떻게 연관될 수 있는지 서술할 수 있다.

4. '문학 작품 엮어 읽기' 활동의 의미

 학생들의 목소리

"이 활동이 좋았던 점 중 하나는 진로나 관심사 등 저와 관련된 주제를 스스로 정해볼 수 있었다는 거예요. 아무래도 제 삶과 관련 있는 것을 바탕으로 활동하다보니까 더 관심가지고 참여할 수 있었던 것 같아요."

"문학 작품 속 인물이나 사건, 장면 등을 제가 정한 주제를 바탕으로 해석해보려는 것이 흥미로웠어요. 평소에는 그냥 문학은 수업 시간에 가르쳐주시는 대로 배우는 것이라 생각했는데 제가 무엇을 어떻게 보느냐에 따라 저하고도 많이 관련되는구나 하는 걸 느꼈어요."

"스마트폰이나 노트북으로 직접 작품을 찾아보는 활동이 재밌었어요. 솔직히 처음에 웹작품을 찾는게 쉽지만은 않았는데 그래도 생각보다는 쉽게 찾을 수 있었고 웹 작품이다보니 좀더 흥미로운 부분들도 많이 포함하고 있고, 더 재밌게 보았던 거 같아요."

2022 교육과정에서 '주제탐구독서'를 진로 선택 과목 중 하나로 편성할 정도로 (교육부, 2022), 관심 있는 주제에 관해 다양한 책과 자료를 비판적·창의적으로 읽는 과정은 학습자 자신의 관점과 견해를 형성하고, 주제에 대해 깊고 넓게 탐구하는 능력을 기르는 데에 도움을 줄 수 있습니다. 특히 이 활동은 2022 국어과 교육과정에서 추구하는 역량들 중 디지털·미디어 활용 역량, 자기 성찰·계발 역량을 키우는 데에 도움을 줄 수 있지요. 자신이 선정한 주제에 따라 필요한 문학 작품들을 온라인상에서 검색, 분석, 평가하고 이를 효과적으로 활용하여 주제에 관련된 문제를 해

결하는 능력을 필요로 한다는 점에서 디지털·미디어 역량과 연관될 수 있습니다. 또한, 문학 작품 속 내용을 바탕으로 자신의 삶의 가치와 의미 등과 관련된 주제에 대해 반성하고 탐색하며 변화하는 사회에서 필요한 재능과 자질을 계발할 방향을 찾아간다는 점에서 자기 성찰·계발 역량과 관련될 수 있습니다.

학생들의 소감에서도 볼 수 있듯이, 학생들은 본 활동이 자신의 삶과 보다 실제적으로 연계되었다는 점, 자신이 정한 주제를 바탕으로 보다 주체적으로 작품을 해석할수 있었다는 점, 인터넷을 통해 자신이 흥미나 관심을 갖고 있는 작품들을 직접 선정할 수 있었다는 점 등에 큰 의미를 부여하고 있었습니다.

이러한 점에서 자신의 진로 목표, 관심사, 흥미 등을 바탕으로 자기 탐색을 위한 주제를 설정하고 이와 관련된 텍스트들을 찾아 읽는 본 활동의 의의를 찾을 수 있어요. 특히, 인터넷상의 읽기를 위해서는 정보 검색의 계획과 점검, 방향 상실의 지각과 해결, 정보의 관련성과 신뢰성 평가 등이 중요하다는 점에서(조병영, 2007), 본 활동에서 학생들이 주제와 관련된 웹 형식의 작품들을 검색하고 그 작품이 어떻게 주제와 관련되는지 등을 점검 및 평가하는 과정은 인터넷 시대를 살아가는 청소년들의 읽기 능력을 확인 및 증진시키는 데에 긍정적인 영향을 줄 수 있습니다. 또한, 다양한 삶의 이야기를 반영하고 있어 인간의 삶을 총체적으로 이해하는데 도움을 주는 문학 텍스트를 검색 및 활용하여 글을 쓰게 하는 것은 자기 이해와 성찰에 보다 큰 역할을 할 수 있다는 점에서도(고명신, 2017) 본 활동의 의의를 찾아볼 수 있습니다.

[읽기 자료]

참고 문헌

고명신(2017), 「문학을 활용한 자기 성찰적 글쓰기 수업 방안」, 『리터러시연구』 21, 한국리터러
시학회, 245-285쪽.

교육부(2022), 『국어과 교육과정』, 교육부 고시 제2022-33호 [별책 5].

조병영(2007), 「인터넷 환경에서의 초인지적 독서 전략-사고 구술 연구로부터의 증거들」, 『국어
교육』 124, 한국어교육학회, 281-316쪽.

주제 7.

비평가의 독서 따라잡기
- 엮어 읽고 비평문 쓰기

#비평문 #자기선택적 읽기 #깊이 읽기

1. 활동 소개

이 활동은 하나의 텍스트를 중심으로 다양한 관련 자료를 읽고 엮어 비평문을 쓰는 활동입니다. 학생들은 비평가가 되어 책, 영화, 공연, 전시 등 다양한 텍스트 중 스스로 비평 대상을 고르고, 텍스트와 관련된 다양한 다른 자료 (예: 기사문, 감상문, 비평문, 논문 등)를 찾아 읽게 됩니다. 그 과정에서 텍스트를 깊이 이해, 분석하고 그에 대한 자신의 의견을 세우며 근거를 찾아 한 편의 비평문을 완성하는 것을 목표로 합니다. 수업에서는 교수·학습적 필요에 따라 대상 텍스트 종류나 차시, 활동 시간을 유동적으로 적용할 수 있습니다.

• 비평문

본 수업은 '비평가처럼 읽기'라는 주제로 학생이 선택한 비평 대상 텍스트를 다른 자료와 엮어 읽으면서 비평문을 작성하는 활동으로 구성되어 있습니다. 비평문을 쓰기 위해 학생들은 대상이 되는 텍스트를 읽고 분석하며 텍스트에 대한 판단을 내려야 하지요. 그 과정에서 대상이 되는 텍스트와 관련된 다양한 자료를 엮어 읽는 경험을 하게 됩니다.

• 자기선택적 읽기

본 활동에서 가장 핵심이 되는 요소 중 하나는 학생들의 자기선택적 읽기입니다. 활동의 시작부터 진행 과정 전반에 걸쳐 학생들은 비평 대상이 될 텍스트와 엮어 읽을 자료를 스스로 선별하게 됩니다. 비평 대상을 스스로 선택하게 함으로써 독자의 주체성을 뒷받침하며, 학생의 관심사를 반영함으로써 독자의 내적 동기에 영향을 주어 활동 전반에 대한 흥미를 불러일으킬 수 있어요.

• 깊이 읽기

비평문을 쓰기 위해서는 단순히 작품을 감상하는 데에서 더 나아가 작품의 의미와 의의를 판단하고 그를 뒷받침하는 근거를 제시해야 합니다. 본 활동에 참여하는 동안, 학생들은 비평 대상이 되는 작품과 다른 자료를 엮어 읽으며 작품을 분석하고, 그를 뒷받침하기 위해 해당 작품의 중요한 대사나 장면 등을 깊이 이해하는 경험을 할 수 있습니다.

2. 준비물

- - - - - - - - - - - - -

비평 대상 및 엮어 읽을 텍스트, 디지털 기기, 온라인 도구, 활동지

1) 비평 대상 및 엮어 읽을 텍스트

이 수업 예시는 학생들의 자기선택적 읽기를 바탕으로 진행되었습니다. 다만, 비평 대상을 중심 내용이 있는 내러티브 텍스트로 한정하고, 그 범위 내에서 스스

로 선택하도록 했어요. 문학적 내러티브가 아니더라도 전달하고자 하는 중심 내용이 있는 정보글이나 다큐멘터리 등이 모두 가능하다고 안내하였습니다. 책, 영화, 공연 등 큰 범주를 안내하고, 줄거리를 요약하기에 너무 긴 드라마나 시리즈 도서 등은 지양하도록 했고요.

선생님의 수업에서는 비평 대상 선택 시 수업 목표에 따라 장르를 제한하거나 (예: 서평 쓰기, 영화 비평문 쓰기 등) 특정 주제를 다룬 작품을 대상으로 하는 등, 목표에 알맞은 조건을 추가로 제시할 수 있습니다.

엮어 읽을 자료로는 신문 기사, 포털사이트나 인터넷 서점, 학술 논문 등이 있음을 안내하고 학교 도서관 홈페이지 등을 통해 자료를 검색하는 법을 안내합니다. 특히 RISS, KISS, DBpia 등 학술 논문 포털을 낯설어하는 학생들이 많으므로 이를 안내하고, 동시에 학생들이 많이 사용하는 위키피디아나 나무위키 등 '위키'가 들어간 웹페이지는 공신력이 없는 자료라는 것을 안내해 사용하지 않도록 지도합니다.

궁금해요

어떻게 위키 페이지 자료를 사용하지 않도록 지도할 수 있을까요?

위키라는 단어가 들어간 웹페이지는 사용자가 빠르고 간편하게 수정할 수 있는 형태이지요. 다양한 정보를 모아두어 원하는 정보를 빨리 얻을 수 있지만, 누가 작성했는지 알 수 없도록 익명으로 운영하는 것들이 대부분이라 정보의 신뢰도가 떨어집니다. 의도적으로 잘못된 정보를 올리는 반달리즘의 표적이 되는 경우도 많아 학교 과제 등 공식적인 글을 쓸 때에는 절대로 위키 페이지 자료를 인용하지 말아야 합니다.

수업 중 위키 페이지 자료를 사용하지 않아야 하는 이유를 설명하고, 활동 중 위키 페이지를 참조하는 학생들에게 신뢰성이 떨어진다는 것을 안내하고 학술 자료나 공식 홈페이지 등을 참고하도록 지도할 수 있습니다. 이와 더불어 과제 평가 기준에 '인용' 항목 등 자료의 신뢰성을 평가하는 항목을 넣어 위키 웹페이지 자료를 참조하면 감점이 되도록 설정하는 것도 효과적이었어요.

2) 디지털 기기

엮어 읽기 자료를 검색하고 읽는 활동, 온라인 게시판을 통해 의견을 공유하고 댓글을 다는 활동 등에 학생들이 개별적으로 사용할 수 있는 디지털 기기가 필요합니다. 노트북, 패드, 스마트폰 등을 사용할 수 있으며, 교수자 판단에 따라 적절한 기기를 활용하도록 지도합니다. 수업 예시의 학생들은 개인 노트북과 스마트폰 등을 활용하였습니다. 만약 디지털 기기 활용이나 온라인 활동이 어려운 환경이라면 노트와 펜 등으로 응용할 수 있어요.

3) 온라인 도구

학생들이 의견을 나누고 글을 공유하며 댓글을 달 수 있는 형태의 온라인 게시판을 준비하면 공지를 올리고 피드백을 하는 데에도 편리하게 활용할 수 있어요. 수업 예시에서는 구글문서와 패들렛을 활용하였으나 네이버나 다음 카페, 학교에서 사용하는 온라인 게시판 등 수업 환경에 맞게 적용할 수 있습니다.

4) 활동지

활동 중 단계별로 적절한 활동지를 제공하면 수업 진행에 도움이 됩니다. 수업 예시에서 사용한 활동지는 이후 본문에서 소개하고 있어요. 활동지는 종이로 인쇄해 나눠주어도 좋고, 온라인 게시판에 전자문서로 올려 학생들이 필요할 때마다 확인할 수 있도록 하는 방법도 있습니다.

3. 주제탐구독서 활동 과정 자세히 보기

1) 활동 개요

① 비평 대상
선정하기 ⇨ ② 작품 소개하기 ⇨ ③ 줄거리
요약하기

⇨ ④ 인상적인 부분
선정 및 분석하기 ⇨ ⑤ 비평문 결론 작성
및 초안 완성하기 ⇨ ⑥ 동료 피드백 및
고쳐쓰기

[그림 IV-2-1] '질문으로 엮어 읽고 토론하기' 활동 개요

① 비평 대상 선정하기

학생들과 우수 비평문 예시를 읽으며 비평가의 독서가 어떤 것인지 이해하도록
지도합니다. 비평문 쓰기 활동 안내 후, 학생들은 자신이 관심 있는 비평 텍스트를
선정합니다. 수업 목적에 따라 비평 대상 텍스트의 종류나 주제 등을 제한할 수 있
으나, 텍스트 자체는 학생이 스스로 선택하도록 하는 것이 중요해요.

② 작품 소개하기

비평문과 감상문의 차이를 안내하고, 비평 대상이 되는 작품을 소개하는 글을
쓰게 합니다. 이 과정에서 학생들은 작품을 다시 살펴보고 대상 작품을 소개한 포
털, 공식 홈페이지 등의 정보를 엮어 읽습니다.

③ 줄거리 요약하기

비평 대상 작품의 줄거리를 요약하도록 지도합니다. 작품의 모든 세부 내용을 제공하는 것이 아니라 비평가인 학생 스스로 판단하여 가장 중요한 내용을 핵심적으로 전달하는 것이 중요해요. 학생들은 이 과정에서 대상 작품을 상세히 읽고, 출판사나 영화 홍보팀 등에서 전달한 줄거리 등 다양한 자료를 엮어 읽습니다.

④ 인상적인 부분 선정 및 분석하기

비평문의 핵심은 비평가의 작품 분석이라는 점을 안내해 주세요. 이 단계에서 학생들은 작품에 대한 자신의 판단을 정립하고, 이를 뒷받침하기 위해 비평 대상 텍스트와 다른 자료 등에서 자신의 판단을 뒷받침하는 근거를 찾아 읽으며 정리합니다. 비평 대상 텍스트를 중심으로 다른 사람의 분석이나 해석, 신문 기사나 논문 등 다양한 자료를 엮어 읽으며 텍스트를 깊이 있게 이해하게 됩니다.

⑤ 비평문 결론 작성 및 초안 완성하기

학생들은 최종적으로 작품의 의미와 의의 등을 정리하는 결론을 작성합니다. 그리고 앞서 작성한 작품 소개, 줄거리 요약, 인상적인 부분에 대한 분석을 모두 합치면 비평문 초안이 완성되지요. 수업 목표에 따라 비평문 제목을 지어 붙인다면 이 단계에서 진행합니다.

⑥ 동료 피드백 및 고쳐쓰기

다양한 플랫폼을 활용하여 동료 비평가의 비평문을 읽고 좋은 점과 아쉬운 점에 대한 조언을 제시하는 동료 피드백 활동을 진행합니다. 교사의 피드백도 이 단계에서 진행하며, 학생들은 다른 사람들의 피드백을 종합해 자기 글을 수정해 최종 비평문 원고를 완성하게 됩니다.

ㄹ) 활동 과정 자세히 보기

<표 IV-2-1> '엮어 읽고 비평문 쓰기' 주제탐구독서 수업 과정

활동	교사가 하는 일	학생이 하는 일	시간
활동 안내 및 비평 대상 선정	• 비평문 쓰기 활동 안내하기 • 우수 비평문 공유하기 • 비평 대상 작품 공유 페이지 만들기	• 우수 비평문 읽고 좋은 비평문의 요소 이해하기 • 비평 대상 작품 선정하기	30분~ 1시간
작품 소개	• 감상문과 비평문의 차이 안내하기 • 작품 소개하는 글쓰기 안내 • 활동 중 도움이 필요한 학생 개별지도하기	• 감상문과 비평문의 차이 이해하기 • 선정한 텍스트 소개하는 글쓰기	30분~ 1시간
줄거리 요약	• 줄거리 요약 글쓰기 안내하기 • 활동 중 도움이 필요한 학생 개별지도하기	• 비평 대상의 줄거리를 요약하기	30분~ 1시간
* 인상적인 부분 선정 및 분석	• 인상적인 부분 분석하는 글쓰기 안내하기 • 활동 중 도움이 필요한 학생 개별지도하기	• 비평 대상에서 인상적인 부분, 분석할 요소를 찾아 분석하기 • 비평 대상 분석시 추가 텍스트를 활용하기	2~ 4시간

결론 및 초안 작성	• 결론 쓰기 안내하기 • 초안 공유할 구글 문서 공유하기 • 활동 중 도움이 필요한 학생 개별지도하기	• 텍스트에 대한 자신의 입장을 최종적으로 정리하기 • 비평문 결론 쓰기 • 초안 완성해 공유하기	30분~ 1시간
동료 피드백 및 고쳐쓰기	• 피드백 진행 안내하기 • 학생 글에 피드백 댓글 달기 • 활동 중 도움이 필요한 학생 개별지도하기	• 친구 글을 읽고 피드백 달기 • 내 글에 달린 피드백을 읽고 고쳐쓰기	2~ 4시간

(* 표시된 부분 : 주제 통합적 읽기가 가장 활발하게 일어나는 활동)

본 활동은 교사의 재량에 따라 소요 시간을 자유롭게 조정할 수 있습니다. 시간을 줄이고 싶다면 비평 대상을 선정하고 감상하는 것을 사전 과제로 제시할 수 있어요. 4차시로도 충분히 활동을 진행할 수 있는데, 이 경우 1차시에 '활동 안내', '작품 소개', '줄거리 요약', 2·3차시에 '인상적인 부분 선정 및 분석'과 '결론 및 초안 작성', 4차시 및 과제로 '동료 피드백 및 고쳐쓰기'를 진행하기를 권합니다.

① 비평 대상 선정하기

가장 처음에는 비평문 쓰기 활동에 대해 안내합니다. 자세한 내용은 활동을 진행하며 안내할 것이기에, 아주 간략하게 전달합니다.

〈비평문 쓰기〉

비평: 사물의 옳고 그름, 아름다움과 추함 따위를 분석하여 가치를 논함

비평문이란: 텍스트를 충분히 이해하고 해석한 후, 그에 대해 판단하는 글

우리가 쓸 비평문: 책, 영화, 공연 (연극, 뮤지컬) 등 줄거리가 있는 텍스트 중 다른 사람에게 추천하고 싶은 것을 선정해 이 텍스트의 어떤 점이 왜 좋았고, 어떤 점이 왜 아쉬웠는지 전달하기

나의 의견과 그를 뒷받침하는 근거, 최종적으로 누구에게 추천하거나 추천하지 않는지 내용이 들어가야 함!

분량: 1000-1500자

교사는 이전 수업에서 우수한 성적을 받은 학생들의 비평문을 몇 편 정도 준비해 학생들이 자유롭게 읽으며 그중 어떤 글이 가장 잘 쓴 것으로 느껴지는지, 그 이유가 무엇이라고 생각하는지 이야기하게 합니다. 이때 일부 학생이 발표하도록 하는 것보다 패들렛 등을 활용해 모든 학생들이 참여하도록 하는 것이 좋아요. 활동 과정에서 학생들은 독자의 입장이 되어 좋은 비평문의 요소를 자연스럽게 추출하게 됩니다. 학생들의 발표에서 공통적으로 드러나는 좋은 비평문의 요소를 한 번 종합해 짚어주면 좋습니다. 아래 예시에서는 학생들의 발표 후, 밑줄로 표시한 부분을 구두로 강조하며 좋은 비평문의 요소를 정리하였습니다.

<표 IV-2-3> 우수 비평문 예시를 읽은 후 학생 응답 예시

김 ○○: 손원평의 〈아몬드〉를 읽고 쓴 비평문이 제일 좋았다. 먼저 시각적으로 제목과 부제목이 가운데 있어서 읽기 좋았던 것 같다. 그리고 첫 문장에서 베스트셀러라고 소개를 해주기 때문에 나도 읽어 보고 싶다는 생각이 들게 되었다. 개인적으로 공포, 스릴러 같은 장르를 엄청 좋아하고 되게 감정적인 사람으

로써 이 작품의 주인공은 공포를 모르고 아주 원초적인 감정조차 모른다는 것에 호기심이 생겨 나도 읽어보고 싶다는 생각이 들었던 비평문이었다.

김○○: 〈정말 미안하지만 나는 아무렇지 않았다〉 비평문이 좋았다. 비평문만 읽었음에도 불구하고 작가가 의도하는 내용이나 전달하고자 하는 내용이 쉽게 전달되었고 소설 내용에서의 인간의 심리와 심리에 따른 태도를 비평문을 통해 제대로 이해할 수 있었다. 소설 속의 문장을 인용해 설명하면서 내용을 좀 더 이해하기 쉽고 제대로 전달한 것 같다.

이○○: 피드 닥터의 〈소울〉을 보고 작성하신 비평문이 가장 기억에 남았다. 일단 줄거리만 장황하게 작성하는 것이 아닌, 줄거리에 관한 자신의 생각을 담거나 감독이 전달하고자 하는 바를 작성하며 줄거리를 설명해주는 것이 나의 흥미도를 올려주었다. 또한 장황하지 않고 간결하게 요약된 줄거리가 글을 읽기에도 훨씬 편했다. 이 영화가 담는 의미를 감독의 시점 그리고 자신의 시점에서 잘 풀어낸 글 같아서 매우 인상 깊었다.

김○○: 〈정말 미안하지만 나는 아무렇지 않았다〉의 비평문이 정말 좋았다. 내용이 뒤죽박죽 섞여있지 않고 내용을 간단하게 딱딱 끊어 글을 썼고, 이 글이 어떤 글을 소개하고싶은지 눈에 보였다. 숫자를 달아 책의 어느 페이지에 있는 글인지도 알 수 있도록 해 둔 것이 정말 좋았다. 정리와 요약이 잘 되어있는 글인 이 비평문이 읽기 편하고 정말 좋았다.

반○○: 뮤지컬 〈지하세계 탐방기〉 비평문이 좋았다. 유일하게 뮤지컬을 보고 쓴 글이라 더 눈이 가기도 했고, 글을 쓸 때 쓴 사람의 생각이 매우 많이 들어갔다는 게 읽으면서 느껴졌다. 자세한 줄거리를 쓰기보다 인상 깊었던 장면들을 설명하면서 자신의 느낀 점과 생각을 가장 잘 담은 글인 것 같다

예시 비평문이 없을 때는 어떻게 하나요?

학생들에게 보여줄 예시 비평문이 없다면, 다른 책이나 자료에 있는 학생 비평문, 아니면 신문 칼럼 등 미디어에 실린 것 중 학생 수준에 맞는 것을 예시 자료로 활용할 수 있습니다.

간혹 자신은 저런 글을 쓰거나 분석할 수 없다고 낙담하는 학생들이 생길 수 있어요. 활동 과정에서 학생들에게 이전 학생들의 비평문이 단숨에 작성된 것이 아니라, 다양한 자료를 참고하고 여러 번 고쳐쓰는 과정을 거쳤다는 것을 안내하면 좋습니다. 비평문은 혼자 머릿속에서 짜내는 것이 아니라 다양한 텍스트를 참고하여 작성하게 된다는 점을 지도하는 것이 중요합니다.

우수작품을 읽은 뒤에는 학생들이 어떤 텍스트를 대상으로 비평문을 쓸 것인지 선택하도록 합니다. 책, 영화, 공연 등을 기본 선택지로 주고 전시나 음반 등 범주에 없는 종류를 대상으로 비평하고 싶은 학생은 별도로 교사와 이야기하도록 합니다. 텍스트 전체에서 전달하고자 하는 줄거리가 있는 작품이라면, 교사의 판단으로 허용할지 여부를 결정할 수 있어요. 수업 목표에 따라 비평 대상의 텍스트 장르를 더 좁히거나 넓혀서 진행하시면 좋습니다.

이때 미리 만들어둔 구글 시트나 패들렛 등의 온라인 게시판을 활용해 학생들이 서로 어떤 작품을 선택했는지 볼 수 있도록 할 수 있습니다. 참고 자료가 되는 동시에, 비평 대상 텍스트가 일정 수준 이하로 떨어지는 상황을 방지하는 데에도 도움이 되지요. 선정을 어려워하는 학생들이 있다면 아래 선정 기준을 안내해 선택을 도와 주세요.

<표 IV-2-4> 비평 대상 선정 안내

〈어떤 작품을 고를까?〉

- 할 이야기가 많은 작품

- 다른 사람에게 추천하고 싶은 작품

- 최근에 보아서 기억이 잘 나는 작품

- 관련된 자료가 많은 작품

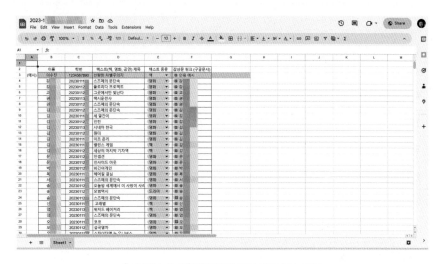

[그림 IV-2-2] 비평 대상 선정 구글 시트 예시

아래 목록은 수업 예시에서 여러 학생이 비평 대상으로 선택했던 텍스트입니다.

<표 IV-2-5> 학생들이 많이 선택한 비평 대상 텍스트 목록

도서			
제목	저자	출판연도	출판사
회색인간	김동식	2017	요다
호밀밭의 파수꾼	데이비드 샐린저	2023	민음사

땡스 갓 잇츠 프라이데이	심너울	2023	안전가옥
유진과 유진	이금이	2020	밤티
보건교사 안은영	정세랑	2015	민음사
칵테일, 러브, 좀비	조예은	2023	안전가옥
두 번째 지구는 없다	타일러 라쉬	2020	알에이치코리아
구의 증명	최진영	2023	은행나무

영화		
제목	감독	개봉연도
4등	정지우	2016
택시운전사	장훈	2017
1987	장준환	2017
우아한 거짓말	이한	2014
원더	스티븐 크보스키	2017
미 비포 유	티아 샤록	2015
코코	리 언크리치	2017
아이 캔 스피크	김현석	2017
소울	피트 닥터	2020
히든 피겨스	테오도어 멜피	2017
라라랜드	데미안 셔젤	2016
어바웃 타임	리차드 커티스	2013
타이타닉	제임스 카메론	1998
트루먼 쇼	피터 위어	1998
세 얼간이	라지쿠마르 히라니	2009

② 작품 소개하기

학생들 대부분은 독후감을 써 본 경험이 있어, 별도의 안내가 없을 시 비평문이 이전에 썼던 독후감과 비슷하다고 생각하기 쉬워요. 교사는 이번 수업에서 감상문과 비평문의 차이를 간단하게 안내하며, 비평문 쓰기 활동에서는 단순히 '참 재미있었다', '감동적이었다'라는 감상만 적는 것이 아니라는 점을 분명히 합니다. 앞서 학생들이 짚어낸 요소들을 다시 언급하는 것도 좋습니다. 비평문에서는 텍스트에서 인상적인 부분 등 중요한 특징을 찾아내고, 그것을 근거를 제시하며 분석하는 것이 가장 핵심적입니다. 비평가처럼 읽기 위해서 학생들은 비평 대상 텍스트에 대한 자기 생각을 정리해야 할 뿐 아니라, 논문이나 다른 사람의 비평, 신문 기사 등 다양한 자료를 참고해야 합니다.

<표 IV-2-6> 비평문과 감상문의 차이 (나민애, 2020, p.33의 표를 수정함)

	감상문	비평문
줄거리 요약	○	○
개인적 감상 (주관적 느낌)	○	×
자기 경험과의 연결	○	○
특징에 대한 논리적 분석	×	○
책 전체에 대한 총체적 판단	×	○

비평문에 대한 안내를 한 후, 가장 먼저 작품을 소개하는 글을 한 단락 정도 쓰도록 지도합니다. 어려워하는 학생들에게는 이 작품을 보지 않은 사람들에게, 그들의 흥미를 끌도록 하는 소개를 생각하도록 안내합니다. 작품 소개를 하는 이 부분에서 줄거리는 제외하도록 합니다. 비평문을 읽을 독자에게 어떤 정보를 전달하면

비평문과 비평의 대상이 된 작품에 대해 호기심을 갖고 읽어나갈지 생각하게 합니다. 초반에는 비계가 될 만한 질문을 제공해, 학생들이 그에 대답하면서 작성하도록 하는 것도 좋아요.

<표 IV-2-7> 작품 소개하는 글쓰기 안내

독자들이 내가 지금부터 이야기하는 것이 어떤 작품에 대한 비평인지 알 수 있도록 작품 자체와 작품을 만든 사람, 등장인물 등에 대해…
- 내가 아는 내용
- 포털 검색을 통해 쉽게 찾을 수 있는 내용
- 공식 홈페이지나 신문기사 등에 나온 내용을 간단하게 한 문단 정도 분량으로 만들기
- 검색을 통해 찾았다면 출처가 되는 해당 웹페이지 링크도 같이 적어두거나 저장해 두기

학생들은 일반적으로 비평할 텍스트의 제목 정도만 기억하고, 그 이외의 정보는 기억하지 못하거나 아예 알지 못하는 경우가 대부분입니다. 텍스트와 관련해 포털사이트나 인터넷 서점, 영화 정보, 출판사나 공식 홈페이지, 홍보 기사나 감독 및 배우 인터뷰 등을 검색하도록 안내합니다. 줄거리를 쓰지 않고 작품을 소개하도록 하면 학생들은 분량을 채우기 위해서라도 다양한 자료를 검색해 엮어 읽게 됩니다. 활동 과정에서 학생들은 다양한 텍스트를 함께 읽으며 원 텍스트에 대해 알아가는 주제 통합적 읽기를 가볍게 맛볼 수 있어요.

텍스트를 소개하는 글	2018년 개봉한 한국영화 〈리틀 포레스트〉는 일본작가 이가라시 다이스케의 만화를 원작으로 한다. 일본에서도 동일 원작을 바탕으로 제작된 영화가 2편이나 있는데, 제목은 〈리틀 포레스트: 여름과 가을〉, 〈리틀 포레스트: 겨울과 봄〉이다.[1] 한국판 〈리틀 포레스트〉를 제작한 임순례 감독은 주인공 혜원이 고향으로 돌아와 스스로 끼니를 챙겨 먹는 과정을 통해 요즘 관객을 위로하고 마음의 허기를 채우고자 했다고 한다. 또한 12년째 텃밭 농사를 지으며 생활 중인 것이 영화를 제작할 때 사계절의 가치나 농작물을 키우는 것을 표현하는 데에 도움이 되었다고 이야기했다.[2]
	1) 다음 영화 '리틀 포레스트' 항목 2) 최송희 (2018). [인터뷰] '리틀 포레스트' 임순례 감독, 마음의 '허기' 채우다. https://www.ajunews.com/view/20180308144802452

③ 줄거리 요약하기

이 과정에서는 한 단락 정도의 분량으로 비평 대상 작품의 줄거리를 요약하도록 합니다. 비평가는 비평문을 읽는 독자에게 작품에 대한 정보를 제공하지만, 세부 사항을 상세히 알리지는 않아요. 학생들에게 대상 작품의 모든 것을 요약하기보다는, 가장 중요한 사건 혹은 주요 인물을 중심으로 작품을 요약하도록 안내합니다. 아래와 같이 줄거리를 요약하는 글쓰기 안내를 제시하는 것도 도움이 됩니다.

<표 IV-2-8> 줄거리 요약 글쓰기 안내

작품에 대해 모르는 사람에게 알려준다는 생각으로
- 여러 부분으로 구성되어 있다면 총 몇 부분이고 각각의 내용이 무엇인지
- 주요 등장인물이나 중심 사건의 흐름 등을 중심으로
- 작품 전체의 전체적인 내용을 간략하게 한 문단 정도 분량으로 만들기

- 검색을 통해 찾았다면 해당 웹페이지 링크도 같이 적어두기
- '위키'가 들어가는 웹페이지 정보 X

어떤 식으로 작품을 요약해야 할지 감을 잡지 못하거나 내용이 기억나지 않는다고 하는 학생들에게는 영화사나 출판사에서 올린 홍보문, 텍스트를 광고하는 홍보 기사 등을 검색하도록 안내합니다. 이 과정에서 학생들은 다양한 자료를 엮어 읽으며 원 텍스트를 되새기고, 비평문 쓰기를 시작하는 데 도움을 받습니다. 다만, 작품의 가장 초반부를 중심으로 다루며 독자의 호기심을 끌어내는 홍보나 광고와 달리, 비평가는 작품 전체를 바탕으로 이야기를 전개하는 차이점이 있어요. 따라서 학생들에게 홍보 기사나 광고에 나온 내용을 그대로 옮겨서는 안 된다는 점을 안내합니다. 학생들 중에는 작품의 반전을 적어도 되는지 염려하는 경우도 많은데, 일단 그 부분은 염려하지 않고 전체 줄거리를 요약하도록 지도해주세요. 어차피 한 단락 정도로 굵직한 사건에 집중해 요약하다보면 반전의 상세한 내용을 알리기 어렵기도 하고, 이후 글을 다듬으면서 해당 부분이 꼭 필요하지 않다는 판단 아래 삭제할 수도 있습니다.

줄거리 요약하기 활동에서도 다른 사람의 블로그 글이나 위키페이지 등에 있는 줄거리를 그대로 베끼는 경우가 발생합니다. 위키페이지에 있는 내용은 보통 인터넷 서점의 소개글이나 공식 홈페이지 등에도 있으니 그쪽을 참고하도록 안내하고, 동시에 그대로 베끼는 것은 표절이 된다는 점을 안내하면 좋습니다. 내용을 참고하

여 본인의 문장으로 바꾸어쓰도록 하고, 이후 인용할 수 있도록 원출처를 저장해두도록 지도합니다.

<표 IV-2-9> 줄거리 요약 글쓰기 학생 활동 결과물

줄거리 요약	손원평의 〈아몬드〉는 총 4부로 구성되어 있다. 1부에서는 주인공 윤재가 처한 병적 상태와 그에 대응하여 윤재를 평범하게 살게 하고자 하는 엄마의 부단한 노력을 서술한다. 그 노력에도 불구하고, 윤재의 가족들은 비극적인 사고를 당하고 윤재는 혼자 남게 된다. 2부와 3부에서는 새로운 인물들이 등장하고, 혼자 남은 윤재와 그들과의 관계를 다룬다. 윤재는 자신과 달리 감정이 격한 인물인 곤이를 만나고, 윤재에게 감정이란 것을 싹틔우는 도라도 등장한다. 4부는 소설을 끝맺음하는 장이다. 윤재는 위험에 처한 곤이를 구하기 위해 찾아 나선다. 윤재와 곤이는 철사라는 별칭을 가진 인물에게 폭행을 당하지만, 윤재는 고통은 알아도 공포를 모르는 능력으로 곤이를 구출하는 데 성공한다. 사건 이후 윤재가 부상으로 입원해 있는 동안, 혼수상태였던 윤재의 엄마가 깨어난다. 그렇게 윤재와 그의 엄마가 재회하는 장면에서 이야기가 마무리된다.

④ 인상적인 부분 선정 및 분석하기

비평가는 비평 대상이 되는 텍스트를 깊이 있게 읽고 분석합니다. 텍스트에 대한 자신의 분석을 독자에게 이해시키기 위해 해당 작품에서 자신의 해석과 연관된 부분을 인용하고, 다른 자료를 근거로 활용하기도 하지요. 텍스트에 대한 분석은 비평문의 핵심으로, 전체 비평문 분량의 절반 이상을 차지합니다.

수업에서는 일단 한 페이지(서너 단락) 정도 분량을 목표로 인상적인 부분을 찾아 분석하는 글을 쓰게 하되, 최종적으로는 분석 내용이 전체 분량의 50% 이상이 되어야 한다고 학생들에게 안내합니다. 분석 항목은 3~4개 정도로 하도록 하며, 분석 항목과 그를 뒷받침하는 근거를 작품 내에서 찾아 제시하도록 지도합니다.

<표 IV-2-10> 인상적인 부분 분석하는 글쓰기 안내

- 분석 및 인용 항목이 감상문의 핵심!!!
- 해당 작품에서 가장 인상적인 부분들을 뽑기 (3-4가지)
- 책의 경우 몇 쪽의 내용인지 페이지 수 정확히 적기
- 왜 그 부분이 인상적이었는지 나의 생각/느낌/해석을 적기
  • 왜 이런 대사가 나왔을까?
  • 왜 이런 문장을 적었을까?
  • 이런 에피소드가 왜 들어갔을까?
  • 왜 이 부분이 특별히 감정적으로 와 닿았을까?
  • 왜 이 부분이 충격적이었을까?
- 작가나 감독이 어떻게 했길래 가장 인상적이었는지 생각해 적기
  • (책) 서술 기법/문체가 ~했기에
  • 구조적 장치가 ~하여
  • 활용한 자료가 ~해서
  • (영화, 공연) 음향, 색채 등이 ~했기 때문에

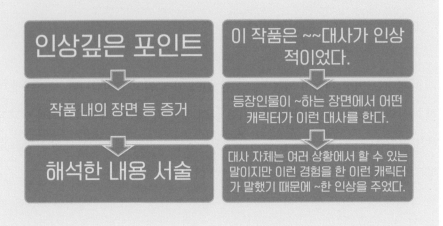

교사와 학생이 함께 만드는 주제탐구독서 수업

쓰기 어려워하는 경우, 학생들에게 인상적인 부분이나 이 작품을 보지 않은 사람들에게 이 부분에 집중해 보면 재미있다는 '꿀팁'을 준다면 어떤 점을 알려줄 것인지 등으로 접근하도록 지도해 주세요. 자신이 생각하는 부분을 어떻게 표현해야 할지 모르겠다든가, 어떤 식으로 분석해야 할지 모르겠다는 학생들이 많이 있습니다. 학생들에게 다른 사람들의 감상이나 비평 등을 찾아보도록 합니다. 신문기사나 전문가의 비평문, 개인 매체의 감상문 등을 참고할 수 있습니다.

인상적인 부분을 찾아 텍스트를 분석하는 활동에서 주제통합적 읽기가 가장 활발하게 일어납니다. 학생들은 비평 대상 작품을 분석하기 위해 다시 읽고, 해당 텍스트를 분석하는 다양한 자료 및 자신의 분석을 위한 추가 자료를 찾아 읽게 되지요. 이 과정에서 학생들은 다양한 텍스트의 내용을 비교, 분석, 통합하고, 비평 대상 텍스트에 대한 자신의 입장을 정립하는 읽기를 경험합니다.

<표 IV-2-11> 인상적인 부분 분석하는 글쓰기 학생 활동 결과물

김현석 감독의 〈아이캔스피크〉에서 가장 인상깊은 장면은 미 의회에서 사죄 결의안을 끌어 냈던 부분이다. 이 장면에서 두 가지 인상적인 부분이 돋보인다. 첫 번째로는 위안부 피해자 라는 증거가 없다는 각 나라 정부의 주장에 맞서 자신의 상처를 공개하는 장면이다.[1] 아픈 곳 을 보여준다는 것은 쉽지 않은 결정이었는데, 그 자리에서 자신의 상처를 드러내는 모습은 마 음이 짠하면서도 대단하다고 생각했다. 두 번째로는 돈이 필요하냐는 일본인의 말에 일본어 로 얘기하는 부분이다. 이 부분에서는 강제로 일본어를 사용해야 하는 환경과 상황이 그려져 서 더욱 감정이 깊게 전해졌다.
이 작품에서 가장 매력적인 부분은 작품의 구성적인 특징이라고 할 수 있다. 〈아이캔스피크〉 는 기존의 영화들과는 달리 분노와 슬픔을 기반으로 하는 '위안부' 문제에 색다른 접근을 시 도했다. 다른 영화들은 피해자로서 할머니들을 다루었지만, 이 작품은 그들을 단순한 피해자 로 기록하는 것이 아니라 삶을 살아가는 주체로 바라보며 우리의 이야기로 만들었다.[1] 이러 한 특징으로 인해 이 작품은 가장 설득력이 강하고 메시지가 명확한 영화 중 하나로 꼽힌다.

그러나 아쉬운 점도 있었다. 예고편이 본편과 너무 다르게 코미디로 표현되어, 진지하고 감동적인 내용을 기대한 관객들에게 혼란을 줄 수 있었다. 또한 초반부의 느린 호흡과 아쉬운 편집은 마지막 결말을 위해 긴장감을 끌어올리기 어렵게 만들었다.[2] 끝부분에 힘이 더 필요한데 호흡이 느려서 지루할 수 있는 부분이 있었고, 몇몇 장면에서는 더 나은 구도나 편집이 가능했을 것으로 보여 좀 아쉬웠다.

---

1) 김미연(책임 프로듀서) (2018년 8월 10일). 15화 눈길& 아이캔스피크. *방구석 1열*. JTBC.
2) 지토무비 (2021년 n월 n일) 눈물 착즙기 1등 나문희. [영상]
https://www.youtube.com/watch?v=mQ04HR-ZY8o

다만 참고한 자료에 있는 내용을 원문 그대로 쓰면 표절이 됨을 안내하고, 이전에 배우지 않았다면 이번 기회를 통해 직접·간접 인용 방법과 출처 표기에 대해 학습하면 좋습니다. 더불어 한 자료에서 너무 많은 내용을 가져오는 경우도 바람직하지 않다는 것을 알려줍니다. 활동 과정에서 학교 도서관 등을 활용해 자료를 검색하는 방법을 가르치고, 카피킬러 등 표절 검사 프로그램을 활용해 스스로 점검할 수 있도록 지도하면 좋습니다.

⑤ 비평문 결론 작성 및 초안 완성하기

비평가는 대상 작품이 어떠한 의미를 지니는지, 개인적으로나 사회문화적으로 어떤 의의를 지니는지 비판적으로 판단하며 읽습니다. 이 단계에서는 비평문을 마무리하는 글을 한 단락 정도 쓰게 합니다. 앞선 내용을 바탕으로 할 때 이 작품에 대해 한 마디로 평가한다면 어떻게 할 것인지 생각하도록 지도합니다. 이에 더해 이 작품을 추천할 만한 대상이나 추천하지 않는 대상에 대해서도 생각하게 하면서 결론을 맺을 수 있게 해 주세요.

<표 IV-2-12> 결론 부분 글쓰기 안내

지금까지 쓴 내용을 바탕으로 할 때
- 이 작품에 대한 나의 최종 평가는?
- 이 작품이 어떠한지 한마디로 요약한다면?
- 누구에게 추천/비추천하고 싶은가?

결론을 쓰기 어려워하는 학생들에게는 이 작품을 한마디로 정리하자면 무엇이라 할 수 있는지 구두로 물어보는 것이 좋습니다. 글로 쓰기 어려워하는 학생도 말로는 어떻게든 대답을 하는 경향이 있어요. 학생이 대답하면, 그 내용을 줄글로 쓸수 있도록 지도합니다. 결론까지 쓴 후에는 여태껏 쓴 작품 소개, 줄거리 요약, 분석, 결론을 모두 모아 비평문 초안을 완성하도록 합니다. 이후 피드백 및 고쳐쓰기를 위해 구글 문서 등으로 공유할 수 있는 플랫폼을 이용하는 것이 편리합니다.

<표 IV-2-13> 결론 부분 글쓰기 학생 활동 결과물

결론	〈히든피겨스〉는 미국의 우주 개발 임무의 중요 일원이었지만 잊혔던 사람들의 뒷이야기를 다루며 미국 최초의 우주인을 탄생시킨 아폴로 11호와 관련된 역사적 사건을 알아가는 즐거움을 준다. 비극적인 현실을 똑똑하게 이겨나가는 주인공들의 에너지 넘치는 모습과 종종 나오는 유쾌한 재즈 음악으로 관객들은 용기를 얻는다. 특히 나도 할 수 있다는 용기가 필요할 때 보기 좋은 영화라고 생각한다. 공격적인 인종·성차별이 만연했던 사회에서 불의를 이겨내고 자신의 능력을 발휘해 역사에 한 획을 그은 주인공들의 모습은 새로운 도전을 꿈꾸는 나를 포함한 관객들에게 귀감이 된다.

결론 작성 후 시간이 남으면 비평문의 제목과 부제를 작성하도록 안내합니다. 글의 제목을 따로 붙이지 않는 수업을 진행할 경우 이 부분은 생략할 수 있어요. 안내할 때 비평 대상 작품의 제목과 비평문의 제목은 달라야 한다는 점을 분명하게 짚어주세요.

<표 IV-2-14> 비평문 제목 정하기 안내

- 제목: 작품의 제목 X, 내 비평문의 제목!!
  3페이지의 분석 내용에서 키워드 3-5개 뽑기
  해석이나 평가의 결과를 드러내는 단어를 활용하기
- 부제: 감상 대상이 되는 작품의 창작자와 제목 적기

⑥ 동료 피드백 및 고쳐쓰기

각자 링크에 올린 비평문을 고쳐 쓰면서 동시에 동료 및 교사 피드백을 진행합니다. 구글 문서에는 댓글을 달 수 있고, 문서 설정을 모두에게 공개로 한 경우, 지메일 계정이 없어도 활동에 참여할 수 있습니다. 수업 예시에서는 소외되는 학생이 없도록 출석부 기준으로 자기 앞번호 2명, 바로 뒷번호 2명 총 4명의 글을 읽고 댓글을 달게 했어요.

학생들이 피드백을 달 때 단순히 맞춤법이나 띄어쓰기 등을 지적하지 않도록 내용 부분에 집중하도록 하고, 비판적인 내용만이 아닌 칭찬할 부분도 찾아 쓰도록 지도합니다.

<표 IV-2-15> 동료 피드백 활동 안내

※ 동료와 비평문 초안에 대해 피드백을 주고받아봅시다. 비평문활동 구글스프레드에서 내 앞의 두 명, 내 뒤의 두 명의 글에 댓글 기능을 활용하여 피드백을 달아보세요. (한 사람당 최소 두 개 이상의 댓글 달기!) 어떤 댓글을 달아야 할지 모르겠다면 아래 질문을 활용하세요.

※ 글 내용에 대한 피드백
1. 비평 대상 작품이 무엇인지 잘 전달하고 있나요?

- 비평 대상 작품에 대한 소개가 있는지 확인해봅시다. 혹시 작가/감독, 개봉/출판 일시 등 꼭 필요한 정보가 빠지지 않았나 살펴보세요.
- 비평 대상 작품 줄거리가 적혀 있는지 살펴보세요.
- 작품 소개&줄거리 분량은 300자 정도가 적당합니다. 지나치게 길거나 자세하다면 줄여보는 것을 권해봅시다.
- 작품 소개가 잘 되어 있다면 칭찬의 댓글을 달아도 좋습니다.

2. 비평 대상 작품의 분석이 잘 이루어지고 있나요?
- 어떤 요소가 좋았거나(나빴거나) 인상적이었는지, 혹은 중요한지를 설명하는 부분이 있나요?
- 해당 부분에서 제시하는 내용이 3-4가지 정도 되나요? 너무 적다면 내용이 추가되었으면 하는 부분에 댓글을 달아봅시다.
- 각 분석 내용마다 근거를 잘 제시하고 있나요? 왜 그렇게 느꼈거나 생각했는지에 대한 근거나 이유가 각각 2-4문장씩 설명되어야 합니다. 이유를 설명하는 문장이 너무 짧다면 더 자세히 써달라고 댓글을 달아봅시다.
- 이유가 잘 제시된 부분에는 칭찬의 댓글을 달아봅시다.

3. 글 전체적으로 전달하는 내용이 무엇인지 잘 이해되나요?
- 잘 이해되지 않는 부분이 있다면 어느 부분 때문인지 살피고, 어떻게 고치는 것이 좋을지 조언해보세요.
- 이해가 잘 되는 부분이 있다면 잘 된다고 칭찬의 댓글을 달아도 좋습니다.

※ 글 형식에 대한 피드백
1. 어색한 단어나 표현, 혹은 맞춤법이 틀린 부분이 있나요?
- 주어와 서술어가 빠진 문장이 있나요?
- 적절하지 않은 단어라고 생각되는 부분이 있나요? (비속어, 인터넷 은어 등)
- 띄어쓰기가 틀린 부분이 있나요?
- 맞춤법이 틀린 부분이 있나요? (필요하다면 맞춤법 검사기의 도움을 받읍시다.)

2. 한 문장의 길이가 너무 길지는 않은가요?
- 한 문장이 2-3줄이 넘어가면 오류가 생기기 쉽습니다.
- 긴 문장을 어떻게 나누는 것이 좋을까요? 조언(고민)해보세요.

3. 글 전체가 한 덩어리로 되어 있지는 않나요?

 - 어느 부분에서 문단을 나누면 읽기 편할까요?

 - 글의 길이가 길 경우에는 단락의 내용이 바뀔 때 엔터를 쳐서 단락을 나누는 것이 좋습니다. 어디서 줄을 바꾸는 것이 좋을 지 조언(고민)해보세요.

4. 인용

 - 다른 사람의 생각이나 글을 빌려왔는데 인용 각주 표시가 안 된 것으로 보이는 부분이 있나요? 댓글을 달아봅시다.

동료 피드백뿐 아니라 비평문 초안에 대한 교사의 피드백도 공유문서에 댓글로 달아 지도하면 편합니다. 교사 피드백을 공유문서에 댓글로 달 경우, 어떤 식으로 다른 사람의 글에 피드백을 제공할 수 있는지 학생들에게 모델링을 하는 효과도 있습니다.

<표 IV-2-16> 피드백 학생 활동 결과물

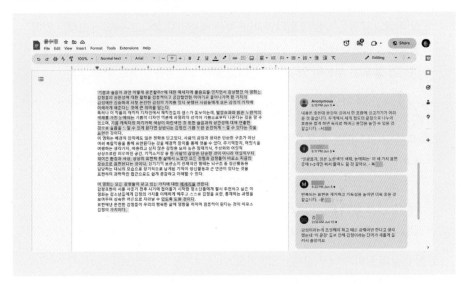

동료 피드백 내용 (상세)

서○○: 이 글의 핵심주제로 잡은 감정에 맞게 끝까지 흐트러지지 않고 일관적이라 읽기에 매우 쉽고 몰입하기 좋았습니다. 내용은 좋은데 문장이 길어서 한 호흡에 끌고 가기가 어려운 것 같습니다. 두 개에서 세 개 정도의 문장으로 나누어 호흡을 짧게 하면 독자의 몰입을 높일 수 있을 것 같습니다.

복○○: 어떤 대상에게 추천하고 그 이유가 무엇인지 명확한 점이 좋습니다. 그런데 '발광 효과, 밝은 노란색의 색채, 눈에 띄는' 세 가지 표현 중에 1-2개만 써서 줄여도 될 것 같아요.

문○○: 스스로 질문하고 분석한 부분이 인상적입니다. 반복되는 표현을 제거하고 가독성을 높이면 더욱 좋을 것 같습니다.

김○○: 감정이라는 게 조절해야 하고 때론 감춰야만 한다고 생각했는데, 이 문장들로 인해 감정이라는 단어가 새롭게 들려서 좋았어요.

교사 피드백 내용 (발췌)

작품에 대한 정보를 상세히 달아 독자들의 흥미를 끌도록 쓴 부분이 좋습니다. 이 가운데 가장 덜 흥미로운 정보를 한 두가지 정도 삭제한다면 더욱 간결해지지 않을까요? 어떤 부분을 남기거나 삭제할지 고쳐쓰기할 때 한 번 더 생각해봅시다.

분석 세 번째 요소에서, 배경 장치에 많은 철학을 담고 있다는 부분은 아주 좋은 분석 요소로 보입니다. 그런데 지금 적어둔 내용 (기억장치, 생각 기차, 잠재의식 등…)은 철학적 내용이 아닌 심리학이나 뇌과학, 정신과적인 개념으로 보입니다. 만약 철학적인 내용이 있다고 생각한다면 뒷부분의 내용을 그에 맞게 수정하고, 뒷부분의 설명을 남긴다면 어떤 학문과 관계되는지가 분명히 드러나게 앞부분을 수정하면 더욱 좋겠습니다.

동료 피드백을 진행하는 동시에 다른 사람들이 남겨준 피드백을 보고 자신의 글을 고쳐쓰는 활동을 함께 진행합니다. 고쳐쓰기가 끝나면 완성된 비평문을 제출합니다.

구글 문서를 어떤식으로 활용하고 관리할 수 있나요?

구글 문서는 학생들이 각자 생성할 수도 있고, 교사가 일괄적으로 생성해 학생들에게 부여할 수도 있습니다. 교사가 본인 계정으로 구글 문서를 만들어 공유하면 이후 관리와 평가에 편리해요. 본 수업에서는 교사가 일괄 작성하여 학생들에게 문서 링크를 제공하였는데, 이 경우 공지사항 등을 문서 상단에 적어 배포할 수 있습니다. 또한 학생들이 삭제하거나 수정하는 과정을 살필 수 있고, 혹시 실수로 문서 내용이나 답글을 지웠을 때도 문서 이력을 확인하여 복원하는 것이 가능한 점이 좋습니다.

학급별 비평문 폴더 화면

3) 학생 활동 결과물 예시

> ### 내 인생이 거짓으로 가득하다면
> -피터 위어 감독의 《트루먼 쇼》를 보고
>
> ○○○
>
> 〈트루먼쇼〉는 1998년에 개봉된 미국 영화로, 2018년에 재개봉하였다. 이 작품은 피터 위어가 감독하였으며 주연으로는 짐 캐리가 출연했다. 마이클 잭슨의 삶에서 영감을 받아 만들어진 이 작품은[1] 1999년 아카데미에서 감독상, 남우조연상, 각본상 등에 지명되었으며 그 외에도 전세계에서 여러 상을 수상하며 작품성과 대중성을 인정받았다.[2]
>
> 작은 섬에서 평범한 삶을 사는 30세 보험회사원 트루먼 버뱅크가 아내와 홀어머니를 모시고 행복한 하루하루를 보내는 모습을 보여주며 영화가 시작된다. 어느 날 트루먼은 하늘에서 조명이 떨어지는 것을 목격하고, 이날부터 돌아가신 아버지를 만나게 되는 등 비현실적인 사건이 계속해서 일어난다. 자신의 일상이 수상하다고 느낀 트루먼은 학생 시절 모든 것이 쇼라고 말하고 사라진 실비아를 떠올리고,[3] 평생을 살아온 섬을 떠나고자 마음먹자 부자연스러운 상황이 잇따라 발생하며 그를 가로막는다. 마침내 트루먼은 자신이 세트장에서 살고있다는 것을 깨닫고 수많은 노력 끝에 세상 밖으로 나가는 문을 발견한다. '트루먼쇼'의 총책임자인 감독 크리스토프는 트루먼을 설득하려고 하지만, 결국 자유를 선택한 트루먼이 세트장의 문을 열고 나가며 영화가 끝이 난다.
>
> 가장 인상 깊은 장면 중 하나는 트루먼이 세트장을 나가며 시청자들에게 웃으며 인사하는 장면이다. "In case I don't see you! Good afternoon, good evening and good night (못 볼지도 모르니 미리 인사할게요. 좋은 오후, 좋은 저녁 그리고 좋은 밤 되세요)" 평생동안 자신을 속이고 지켜본 사람들에게 화를 내지 않고 웃는 모습이 강렬하게 다가왔다.
>
> 또한, 이 작품은 현실과 가상의 경계, 미디어의 역할 등을 생각케 하는데, 트루먼이 세트장을 나가자 시청자들이 다른 채널로 돌리는 모습은 현실과 미디어 간의 상호작용을 생각하게 한다. 트루먼에게는 인생이었지만 시청자들에게는 그저 재미를 느끼는 하나의 쇼에 불과했다는 점이 충격적이었다. 또한, 요즘 미디어에 범람하는 관찰

예능과도 비슷하게 느껴져 사람의 일상을 골라서 보며 재미를 느끼는 현실에 대해 비판적으로 생각하게 되었다.

크리스토프가 트루먼에게 "자넨 떠나지 못해"라고 말하는 장면에서는 모순적인 모습이 돋보였다. 작품 속에서 크리스토프는 자신의 사생활을 철저하게 챙기며 자유로운 삶을 소중히 여겼다. 그런 그가 트루먼에게는 그 자유를 인정하지 않는 수준을 넘어 탄생한 순간부터 탈출할 때까지 한 사람의 삶을 조종했기 때문이다.

이 작품은 실제로 '트루먼 증후군'이라는 현상을 만들어냈다는 점에서 흥미롭다. 트루먼 증후군이란 영화에 몰두해 자신의 삶이 타인에 의해 관찰되고 있다고 믿는 현상이다.[4] 영화를 본 후 나도 내 삶이 거짓이라고 상상해 본 적이 있는데, 이는 〈트루먼 쇼〉라는 영화의 강렬한 메시지가 사람들에게 큰 영향을 미쳤다는 것을 보여준다.

이 작품은 많은 이들에게 인생 영화로 꼽히는데, 그만큼 인상적이고 여운이 남는 영화이다. 주인공이 트라우마를 극복하고 진실과 자유를 찾아나가는 과정을 보며 나도 용기를 얻게 되었다. 누구든 이 영화를 꼭 한번은 보고, 트루먼처럼 용기를 내는 삶을 살길 응원한다.

---

1) 권길여 (2018년 12월 20일) 죽기 전 봐야하는 인생 영화 '트루먼쇼' 비하인드스토리 4. 인사이트. https://www.insight.co.kr/news/199030

2) 트루먼 쇼. 네이버 영화. https://search.naver.com/search.naver?sm=tab_hty.top&where=nexearch&query=%ED%8A%B8%EB%A3%A8%EB%A8%BC+%EC%87%BC&x_csa=%7B%22mv_id%22%3A%2219099%22%7D&pkid=68

3) 서무비 (2021년 6월 15일). [간단리뷰] 짐 캐리의 인생영화!:: 트루먼 쇼(The Truman Show). https://blog.naver.com/seomingi00/222398959400

4) 김미영 (2008년 11월 26일). '리얼리티 쇼' 정신질환 등장. 코메디닷컴. https://kormedi.com/1187203/%EB%A6%AC%EC%96%BC%EB%A6%AC%ED%8B%B0-%EC%87%BC-%EC%A0%95%EC%8B%A0%EC%A7%88%ED%99%98-%EB%93%B1%EC%9E%A5/

4. '엮어 읽고 비평문 쓰기' 활동의 의미

 학생들의 목소리

"이번 활동을 통해 영화가 이렇게 꼼꼼하게 볼 수 있는 대상이라는 것을 알게 되었다."

"처음 비평문을 쓸 때는 그냥 최근에 본 작품이라서 골랐는데, 여러 자료를 찾아 읽다 보니 이 작품이 정말 의미 있는 영화라는 것을 알게 되었다"

"이렇게 머리에 쥐가 나도록 책 한 권을 샅샅이 뒤져본 것은 처음이다. 관련된 내용이나 다른 사람들의 비평을 찾아가며 읽다 보니 처음에는 있는 줄도 몰랐던 구절도 다시 찾아보게 되고, 비평문을 쓰기 시작할 때보다 훨씬 깊게 이 책을 이해하게 되었다"

비평가의 독서는 다양한 텍스트를 통합적으로 읽는 과정입니다. 비평문을 쓰기 위해서는 비평의 대상이 되는 텍스트를 분석하고 그에 대한 판단을 내려야 합니다. 이를 위해서는 비평 대상이 되는 텍스트를 깊이 읽는 것은 물론이고, 분석 내용이나 근거와 관련된 다양한 종류의 자료를 엮어 읽어야 하지요.

비평가의 독서를 따라잡는 이 단원의 활동을 통해, 학생들은 자신이 선택한 텍스트를 꼼꼼히 읽고 분석하였습니다. 텍스트를 꼼꼼히 이해하기 위해 창작자와 텍스트와 관련된 정보를 찾아보고, 다시 텍스트 내부로 들어가 내용을 정리하고, 그 가운데 특히 언급할 만한 가치가 있는 부분을 찾아냈습니다. 가치가 있는 부분이 어디이며 왜 가치가 있는지를 설명하기 위해 이 모든 과정에서 원텍스트, 신문기사, 논문, 다른 사람들의 감상과 비평 등 다른 자료들을 통합적으로 읽는 경험을 하였습니다.

학생 대부분이 비평문 쓰기 과정에서 여러 자료를 찾아보면서 텍스트에 대해 이해하고 관련된 글을 쓰는 데 도움이 된다고 이야기했습니다. 학생들의 반응뿐 아니라 완성된 비평문을 통해서도 수업에 참여한 학생들이 원텍스트를 여러 측면에서 이해하고자 노력했음을 확인할 수 있었습니다.

[읽기 자료]

참고 문헌
나민애(2020), 『책 읽고 글쓰기』, 서울문화사.

저자 소개

권이은　고려대학교 한국어문교육연구소 연구교수

김해인　한양대학교 국어교육과 강사

문지연　능곡고등학교 교사

박신애　대전관평중학교 교사

오유리　운천고등학교 교사

이수진　청주대학교 교양학부 조교수

이용준　매홀고등학교 교사

임민윤　신서중학교 교사

서한얼　고려대학교 국어교육과 졸업

이지민　고려대학교 국어교육과 재학

이순영　고려대학교 국어교육과 교수

고려대학교 한국어문교육연구소 국어교육실천총서
교사와 학생이 함께 만드는 주제탐구독서 수업

초판1쇄 인쇄 2024년 8월 23일
초판1쇄 발행 2024년 8월 30일

지은이　권이은 김해인 문지연 박신애 오유리 이수진 이용준 임민윤 서한얼 이지민 이순영
펴낸이　이대현
편집　이태곤 권분옥 임애정 강윤경
디자인　안혜진 최선주 강보민
마케팅　박태훈 한주영

펴낸곳　도서출판 역락
출판등록　1999년 4월 19일 제303-2002-000014호
주소　서울시 서초구 동광로 46길 6-6 문창빌딩 2층 (우06589)
전화　02-3409-2060
팩스　02-3409-2059
홈페이지　www.youkrackbooks.com
이메일　youkrack@hanmail.net

ISBN 979-11-6742-859-2 94370
　　　979-11-6742-592-8 94080 (세트)

*정가는 뒤표지에 있습니다.
*잘못된 책은 바꿔 드립니다.